Basiswissen Europarecht

2017

Christian Sommer
Rechtsanwalt und Repetitor

ALPMANN UND SCHMIDT Juristische Lehrgänge Verlagsges. mbH & Co. KG
48143 Münster, Alter Fischmarkt 8, 48001 Postfach 1169, Telefon (0251) 98109-0
AS-Online: www.alpmann-schmidt.de

Sommer, Christian
Basiswissen
Europarecht
1. Auflage 2017
ISBN: 978-3-86752-555-8
Verlag Alpmann und Schmidt Juristische Lehrgänge
Verlagsgesellschaft mbH & Co. KG, Münster

Unterstützen Sie uns bei der Weiterentwicklung unserer Produkte.
Wir freuen uns über Anregungen, Wünsche, Lob oder Kritik an:
feedback@alpmann-schmidt.de

1. Teil: Einführung in das Europarecht

1. Abschnitt: Was ist „Europarecht"?

Europarecht im engeren und weiteren Sinne

Anders als man denken würde, verbirgt sich hinter dem Begriff „Europarecht" nicht nur das unmittelbare Recht der Europäischen Union (EU) – dies bildet (nur) das **Europarecht im engeren Sinne**. Daneben existiert das **Europarecht im weiteren Sinne**, das nicht unmittelbar mit der EU in Verbindung steht. Letzteres umfasst alle Vorschriften, welche die institutionalisierte Zusammenarbeit europäischer Staaten außerhalb der Union betreffen.

Zum Europarecht im weiteren Sinne gehören deshalb die Vorschriften der Organisation für Sicherheit und Zusammenarbeit in Europa (OSZE) und die vom Europarecht erlassenen Vorschriften (z.B. EMRK).

Europäisches Primär- und Sekundärrecht

Das Europarecht im engeren Sinne wird wiederum in zwei Kategorien unterteilt: das Primärrecht und das Sekundärrecht.

- Zum **Primärrecht** gehören die Gründungsverträge der Europäischen Union – der **Vertrag über die Europäische Union (EUV)** und der **Vertrag über die Arbeitsweise der Europäischen Union (AEUV)** – sowie die **Charta der Grundrechte der Europäischen Union (GRCh)**. Hierzu zählen ferner die vom Gerichtshof der Europäischen Union aus diesen Rechtsquellen abgeleiteten **allgemeinen Rechtsgrundsätze** und das aus dem geschriebenen Recht entwickelte **Gewohnheitsrecht**.
- Zum **Sekundärrecht** wird dasjenige Recht gezählt, das von den Organen der EU aufgrund einer Ermächtigung im Primärrecht geschaffen worden ist. Nach **Art. 288 AEUV** können die Organe Verordnungen, Richtlinien, Beschlüsse, Empfehlungen und Stellungnahmen erlassen.

Übertragungskompetenz im GG

Auch das deutsche **Grundgesetz** ist im Zusammenhang mit dem Europarecht von Bedeutung. Es gehört zwar weder zum Europarecht im engeren noch im weiteren Sinne, doch enthält es mit Art. 23 Abs. 1 S. 2 GG die Ermächtigung für die Bundesrepublik Deutschland, Hoheitsrechte auf die EU zu übertragen – dies schafft die grundlegende Voraussetzung, dass die EU überhaupt zum Erlass verbindlicher Normen und zur Vornahme verbindlicher Maßnahmen ermächtigt ist.

Bedeutung für die Klausur

Für das Studium außerhalb des Schwerpunktbereiches spielt das Europarecht im weiteren Sinne keine Rolle. Mit dem Europarecht im engeren Sinne müssen Sie allerdings vertraut sein!

2. Abschnitt: Entstehungsgeschichte der EU

Die Ausgestaltung der EU lässt sich oftmals nur vor dem geschichtlichen Hintergrund ihrer Entwicklung nachvollziehen. Auch wenn detaillierte Kenntnisse von Ihnen weder verlangt werden noch für die Klausuren zwingend erforderlich sind, sollten Sie einige Eckpunkte der Entstehungsgeschichte der EU kennen!

A. Gründung und Entwicklung

Erstes Aufkeimen der europäischen Idee

Unmittelbar nach Ende des 2. Weltkrieges kamen Bestrebungen auf, die katastrophale wirtschaftliche und soziale Lage durch eine Zusammenarbeit der europäischen Staaten zu überwinden. Erstmals 1946 regte der damalige britische Premierminister Winston Churchill deshalb an, eine Art „Vereinigte Staaten von Europa" zu gründen. Verwirklicht wurde die Idee allerdings erst Jahre später.

I. Von der EGKS zur Europäischen Union

Europäische Gemeinschaft für Kohle und Stahl

Der Ursprung der Europäischen Union geht auf den französischen Außenminister Schuman und seinen Mitarbeiter Monnet aus dem Jahr 1950 zurück. Dieser sog. **Monnet-** bzw. **Schuman-Plan** war die Grundlage für die wirtschaftliche Zusammenarbeit hinsichtlich der Produkte Kohle und Stahl. Diese Schlüssel- und Rüstungsindustrien sollten in einer von den Einzelstaaten unabhängigen supranationalen Organisation zusammengelegt und der Kontrolle eines unabhängigen Organs der Gemeinschaft unterstellt werden. An der zu diesem Zweck durch den sog. Pariser Vertrag gegründeten **Europäischen Gemeinschaft für Kohle und Stahl (EGKS)**, die wegen der betroffenen Wirtschaftsgüter auch **Montanunion** genannt wurde, beteiligten sich bei Gründung am 18.04.1951 Belgien, Deutschland, Frankreich, Italien, Luxemburg und die Niederlande.

Europäische Wirtschaftsgemeinschaft und Europäische Atomgemeinschaft

In der Folgezeit wurde die Zusammenarbeit der Gründungsstaaten auf zusätzliche Wirtschaftszweige ausgeweitet. Zu diesem Zweck wurden am 25.03.1957 in den Römischen Verträgen die **Europäische Wirtschaftsgemeinschaft (EWG)** und die **Europäische Atomgemeinschaft (EAG)** gegründet. Die EWG war nicht auf einen Wirtschaftssektor begrenzt, sondern hatte die Wirtschaftsbeziehungen zwischen den Mitgliedstaaten insgesamt zum Gegenstand. Die beteiligten Staaten hofften, dass sich aus der wirtschaftlichen Zusammenarbeit mit der Zeit auch eine politische Zusammenarbeit zwischen den Mitgliedstaaten entwickeln würde (sog. **spill-over-Effekt**).

Weiterentwicklung zur Europäischen Union

Da die einzelnen Gemeinschaften zum Teil über deckungsgleiche Organe verfügten, war die Folgezeit von der Zusammenlegung der Gemeinschaften und ihrer Organe geprägt, die mit dem **Fusionsvertrag** von 1967 begonnen, mit der **Einheitlichen Europäischen Akte** von 1986 ausgeweitet und mit dem **Vertrag über die Europäische Union (EUV)** von 1992 abgeschlossen wurde. Die Europäische Union fungierte dabei als Dachorganisation der fortbestehenden einzelnen Gemeinschaften und diente dazu, die wirtschaftliche Zusammenarbeit sowie die hinzugekommene Gemeinsame Außen- und Sicherheitspolitik sowie die polizeiliche und justizielle Zusammenarbeit der Mitgliedstaaten zu koordinieren.

II. Verfassungsvertrag und Vertrag von Lissabon

Europäischer Verfassungsvertrag

In der Zeit nach dem Vertrag über die Europäische Union von 1992 wurden zunächst nur geringfügige Reformen durchgesetzt. Den nächsten größeren Entwicklungsschritt für die EU sahen die Mitgliedstaaten im Abschluss eines **Europäischen Verfassungsvertrages**, der im Jahr 2004 erfolgte. Dieser sollte alle bisherigen Gemeinschaften in einer Institution bündeln, dieser eigene Rechtspersönlichkeit verleihen und zugleich die Legitimation der Union erneuern. Allerdings scheiterte der Verfassungsvertrag an Referenden in Frankreich und den Niederlanden und trat nie in Kraft.

Vertrag von Lissabon als „Verfassung light"

Stattdessen wurden einige Grundgedanken des Verfassungsvertrages im **Vertrag von Lissabon** aufgenommen, der zum 01.01.2009 in allen Mitgliedstaaten in Kraft trat. Dieser kann als „Verfassung light" bezeichnet werden, da er die EU mit eigener Rechtspersönlichkeit ausstattete, den EG-Vertrag durch den Vertrag über die Arbeitsweise der Europäischen Union (AEUV) ersetzte und den Posten eines hohen Vertreters für die Außen- und Sicherheitspolitik der EU geschaffen hat. Somit gingen zentrale Anliegen des Verfassungsvertrags nicht verloren.

B. Beitritte zur EU

Erweiterung der EU durch Beitritte

Parallel zur inhaltlichen und politischen Weiterentwicklung der EU traten dieser immer mehr Mitgliedstaaten bei. Von den sechs Gründungsstaaten der EGKS ist die EU deshalb über die Jahre auf derzeit **28 Mitgliedstaaten** angewachsen. Zudem werden zurzeit Beitrittsverhandlungen mit fünf weiteren europäischen Staaten geführt, sodass die EU – ungeachtet des sog. Brexit – weiterhin auf Erweiterung angelegt ist und dieses Ziel auch verfolgt (ausführlich zum Beitritt zur und Austritt aus der EU siehe unten S. 17 ff.).

3. Abschnitt: Grundlegendes über die Verträge

Grundlagen für die Anwendung

Auf den ersten Blick überrascht die Trennung des Primärrechts in EUV und AEUV, gehen doch die meisten Mitgliedstaaten von einem grundlegenden Normenkanon (in Deutschland: dem Grundgesetz) aus. Zudem weicht auch die Zitierweise europäischer Normen in einigen Grundsätzen von den aus deutschen Normen gewohnten Zitierweisen ab.

A. Trennung von EUV und AEUV

Hintergrund der Trennung von EUV und AEUV

Beide Verträge sind nach Art. 1 Abs. 3 S. 1, 2 EUV Grundlagen der europäischen Union und gleichrangiger Bestandteil des europäischen Primärrechts. Die Trennung erklärt sich aus dem geschichtlichen Hintergrund: Der Vertrag zur Gründung der Europäischen Wirtschaftsgemeinschaft (EWG-Vertrag, später EG-Vertrag, heute AEUV) betraf die aus der Weiterentwicklung der EGKS entstandenen wirtschaftlichen Anstrengungen der Mitgliedstaaten. Durch den Vertrag über die Europäische Union (EUV) wurde der Vorläufer der heutigen EU als Dachorganisation über den drei Säulen – der Wirtschaftsgemeinschaft, der gemeinsamen Außen- und Sicherheitspolitik sowie der polizeilichen und justiziellen Zusammenarbeit in Strafsachen – gegründet. Die Trennung wurde zugunsten der geplanten Europäischen Verfassung zwischenzeitlich aufgegeben. Da diese nicht in Kraft trat, wurde die ursprüngliche Trennung beibehalten – wenngleich die heutigen Verträge keine unmittelbaren Nachfolger des EWG und des EUV alter Fassung sind. Vielmehr wurden die Inhalte durch den Vertrag von Lissabon neu verteilt.

B. Zitierweise

Zitierweise bei Absätzen der einzelnen Artikel

Sowohl der EUV als auch der AEUV enthalten Artikel, die mehrere Absätze in textlich gestalteter Form enthalten, ohne dass diesen die grundsätzlich gebräuchliche Nummerierung (wie (1), (2), usw.) vorgeschaltet wäre. Als Beispiel dient bereits Art. 1 EUV. Gleichwohl hat sich die Zitierweise „Art. 1 Abs. 1 EUV" eingebürgert, wenn der erste Absatz des Artikels 1 des EUV gemeint ist. Deshalb gilt: Es wird „Abs." zitiert, auch wenn in den Textsammlungen keine Zahl vorangestellt ist.

Zitierweise bei Unterabsätzen

Darüber hinaus kennen die Verträge Unterabsätze, z.B. in Art. 5 Abs. 3 EUV. Ist dort der zweite textliche Unterabsatz gemeint – dem natürlich auch keine Nummer vorangestellt ist – wird gemeinhin „Art. 5 Abs. 3 UAbs. 2 S. 1 EUV" zitiert.

1. Was versteht man unter Europarecht im engeren und weiteren Sinne?	**1.** Europarecht im engeren Sinne sind alle Vorschriften, welche die EU, ihre Organe und Institutionen betreffen oder von diesen erlassen wurden. Das Europarecht im weiteren Sinne umfasst hingegen alle Vorschriften, welche die institutionalisierte Zusammenarbeit europäischer Staaten außerhalb der EU betreffen.
2. Durch welchen Vertrag wurde der erste Vorläufer der EU gegründet?	**2.** Mit dem Pariser Vertrag vom 18.04.1951 wurde die Europäische Gemeinschaft für Kohle und Stahl (EGKS oder Montanunion) gegründet.
3. Nennen Sie die Gründungsmitglieder der EGKS!	**3.** Die Gründungsmitglieder der EGKS waren Belgien, Deutschland, Frankreich, Italien, Luxemburg, Niederlande.
4. Was versteht man unter dem sog. spill-over-Effekt?	**4.** Der spill-over-Effekt beschreibt das Übergreifen der wirtschaftlichen Integration in die politische Integration. Dieses Prinzip lag der Gründung der Europäischen Wirtschaftsgemeinschaft (EWG) sowie der Europäischen Atomgemeinschaft (EAG) zugrunde.
5. Was sind die drei Säulen der Union nach den Änderungsverträgen von 1992?	**5.** Der Vertrag über die Europäische Union (EUV) von 1992 sieht die wirtschaftliche Zusammenarbeit sowie die Gemeinsame Außen- und Sicherheitspolitik und die neu eingeführte polizeiliche und justizielle Zusammenarbeit als die drei Säulen der Union an.
6. Woran scheiterte der Europäische Verfassungsvertrag?	**6.** Der Verfassungsvertrag scheiterte an Referenden in Form von Volksbefragungen in Frankreich und den Niederlanden. Dort sind vor der Ratifikation derart weitreichender Verträge Volksbefragungen vorgeschrieben. Aufgrund der aufkeimenden Kritik am Verfassungsvertrag votierten die Bevölkerungen beider Länder gegen den Verfassungsvertrag.
7. Welcher ist der wichtigste Reformvertrag der letzten Jahre?	**7.** Der Vertrag von Lissabon, der zum 01.01.2009 in allen Mitgliedstaaten in Kraft getreten ist. Da er einige Regelungen aus dem gescheiterten Verfassungsvertrag übernommen hat, kann man ihn als „Verfassung light" bezeichnen.
8. Wie viele Mitgliedstaaten umfasst die EU derzeit?	**8.** Da Großbritannien noch nicht ausgetreten ist, besteht die EU derzeit aus 28 Mitgliedstaaten.

2. Teil: Die EU, ihre Mitgliedstaaten und ihre Bürger

1. Abschnitt: Rechtsnatur und Stellung der EU

Völkerrechtliche Verträge als Grundlage der EU

Die EU ist durch **völkerrechtliche Verträge** gegründet worden, die ihre (Gründungs-)Mitgliedstaaten miteinander abgeschlossen haben. Aus diesen Verträgen ergeben sich daher nicht nur die **Existenz** der EU, sondern auch ihre **Rechtsnatur** sowie die Gliederung und Kompetenzen der EU.

!

Hinweis: *Darüber hinaus enthalten die Verträge Regelungen über die Binnengliederung der EU, also ihre einzelnen Organe und die von diesen zu übernehmenden Aufgaben. Diese Vorschriften werden deshalb auch als das Organisationsrecht der EU bezeichnet. Es ist in weiten Teilen mit Konstruktionen vergleichbar, die Sie aus dem Staatsorganisationsrecht des Grundgesetzes kennen. Eine ausführliche Darstellung des EU-Organisationsrechts finden Sie im 3. Teil (S. 29 ff.).*

A. Rechtsnatur der EU

Auch wenn die Vorbereitung des – letztlich gescheiterten – europäischen Verfassungsvertrags den Anschein erweckt haben mag, ist die EU kein Staat im völkerrechtlichen Sinne.

!

Die EU ist kein Staat, sondern ein Staatenverbund!

Da die Verträge keine ausdrückliche Regelung über die Rechtsnatur der EU enthalten, muss man sich diesem Ergebnis auf Umwegen nähern.

I. Bestimmungen der EU-Verträge

EU als Rechtspersönlichkeit und Rechtsnachfolgerin der Europäischen Gemeinschaften

Art. 47 EUV bestimmt, dass die EU **Rechtspersönlichkeit** besitzt, also selbst Trägerin von Rechten und Pflichten sein kann. Zugleich tritt sie gemäß Art. 1 Abs. 3 S. 3 EUV an die Stelle der Europäischen Gemeinschaften und ist deren Rechtsnachfolgerin. Über ihre eigene Rechtsnatur ist dadurch allerdings noch nichts ausgesagt. Daran ändert auch Art. 1 Abs. 1 EUV nichts, der die Gründung einer „Union" beschreibt, ohne jedoch die völkerrechtliche Bedeutung dieses Begriffs zu erläutern oder zu definieren.

II. Die EU ist kein Staat

Fehlende Staatsqualität

Die EU ist kein Staat im hergebrachten Sinne. Nach der sog. **Drei-Elementen-Lehre** werden nur die Zusammenschlüsse als Staaten angesehen, die über ein bestimmtes Territorium (sog. **Staatsge-**

biet), eine darauf ansässige Gruppe von Menschen (sog. **Staatsvolk**) und eine faktisch wirksame **Staatsgewalt** verfügen. Die EU verfügt jedenfalls nicht über alle drei – kumulativ erforderlichen – Elemente eines Staates.

1. Staatsgebiet

Staatsgebiet der EU

Die EU verfügt über ein **Staatsgebiet**. Als Staatsgebiet wird abstrakt die durch Grenzen gekennzeichnete Zusammenfassung von geografischen Räumen und einer gemeinsamen Rechtsordnung beschrieben. Nach Art. 52 Abs. 1 EUV gelten die Verträge der EU in allen dort mit ihrer ausdrücklichen Bezeichnung aufgeführten Mitgliedstaaten. Dies hat zur Folge, dass das Hoheitsgebiet der EU grundsätzlich durch die verfassungsrechtlich festgelegten oder völkerrechtlich vereinbarten **Außengrenzen der Mitgliedstaaten** beschrieben wird.

Erweitert wird das Hoheitsgebiet der EU durch Art. 52 Abs. 2 EUV i.V.m. Art. 355 Abs. 1 AEUV. Danach gelten die Verträge der EU auch für Inseln und Inselgruppen, die zum Hoheitsgebiet der Mitgliedstaaten gehören (z.B. die Azoren und die Kanarischen Inseln). Allerdings ist diese Erweiterung nur deklaratorisch, da die Inseln zum Staatsgebiet der Mitgliedstaaten gehören und damit bereits von der Regelung in Art. 52 Abs. 1 EUV erfasst sind. Durch Art. 52 Abs. 2 EUV i.V.m. Art. 355 Abs. 2–5 AEUV wird hingegen klargestellt, dass das EU-Recht für weitere mit den Mitgliedstaaten anderweit verbundene Gebiete (z.B. die Commonwealth-Staaten) nicht gilt.

2. Staatsvolk

EU verfügt über kein Staatsvolk

Die EU besitzt kein originäres **Staatsvolk**. Zwar regeln die Art. 9 S. 2 EUV und Art. 20 ff. AEUV die **Unionsbürgerschaft**, wonach derjenige, der die Staatsangehörigkeit eines Mitgliedstaates besitzt, zugleich Unionsbürger ist. Genau hieraus folgt nach h.M., dass die Unionsbürgerschaft keine Staatsangehörigkeit im eigentlichen Sinne ist: Die Unionsbürgerschaft dient zwar dem Ziel, die europäische Integration auch auf politischer Ebene zu befördern, die demokratische Legitimation der EU zu stärken und den Bürgern ein Zugehörigkeitsgefühl zur EU zu vermitteln – an der Staatsangehörigkeit ändert sie jedoch nichts, Art. 20 Abs. 1 S. 3 AEUV. Zudem fehlt der EU die Möglichkeit, unmittelbare Gewalt in direkter Rechtsbeziehung über ihre Bürger auszuüben, da die Beziehung zur EU lediglich durch die schon bestehende Staatsbürgerschaft in einem Mitgliedstaat vermittelt wird.

Die aus der Unionsbürgerschaft folgenden Rechte werden im 4. Abschnitt des 2. Teils dieses Skripts (S. 21 ff.) dargestellt.

3. Staatsgewalt

Keine Staatsgewalt – fehlende Kompetenz-Kompetenz wegen des Grundsatzes der begrenzten Einzelermächtigung

Die Einordnung der EU als Staat scheitert jedenfalls und unstreitig am Merkmal der **Staatsgewalt**. Staatsgewalt ist die originäre, effektive und selbstorganisationsfähige Herrschaftsmacht über das Staatsgebiet und das Staatsvolk. **Originär** ist die Staatsgewalt aber nur dann, wenn sie **unabgeleitet** von fremder Macht oder Staatsgewalt ist. Und dies ist gerade bei der EU nicht der Fall, wie sich aus Art. 4, 5 EUV ergibt: Die EU besitzt nur dort Kompetenzen, wo ihr diese durch die Mitgliedstaaten übertragen worden sind; alle anderen – nicht übertragenen – Kompetenzen bleiben bei den Mitgliedstaaten, Art. 4 Abs. 1 EUV. Nach Art. 5 Abs. 1 S. 1 EUV gilt insofern der **Grundsatz der begrenzten Einzelermächtigung**: Die EU wird nur innerhalb der Grenzen der Zuständigkeiten tätig, welche die Mitgliedstaaten ihr in den Verträgen zur Verwirklichung der in den Verträgen niedergelegten Ziele übertragen haben, Art. 5 Abs. 2 S. 1 EUV. Aufgrund dieser Einzelermächtigung fehlt der EU die sog. **Kompetenz-Kompetenz**, also das Recht, sich selbst mit (neuen) Zuständigkeiten auszustatten. Die EU ist **nicht souverän**.

Nur bei einer Zuständigkeitsübertragung besitzt die EU die sog. **Verbandskompetenz**, die sie zum Handeln ermächtigt (siehe dazu unten S. 70 ff.).

Mitgliedstaaten als „Herren der Verträge"

Die Mitgliedstaaten bleiben **„Herren der Verträge"** und entscheiden durch Änderung der Verträge, welche Zuständigkeiten die EU wahrnehmen darf.

!

Hinweis: *Bestätigt wird diese Sichtweise durch Art. 23 Abs. 1 S. 2, 3 GG: Die Bundesrepublik darf im Rahmen ihrer Mitwirkung an der EU einzelne Hoheitsrechte durch Gesetz übertragen; eine vollständige Übertragung aller Hoheitsrechte und damit die Aufgabe der eigenen Staatlichkeit ist ohne Grundgesetzänderung hingegen nicht möglich.*

III. Sonstige völker- und staatsrechtliche Kooperationsmodelle

Keine internationale Organisation, kein Staatenbund, kein Bundesstaat

Die EU kann auch nicht in die sonstigen völker- oder staatsrechtlichen Verbindungsformen einzelner Staaten eingegliedert werden.

- Anders als **internationale Organisationen** (wie beispielsweise die UNO) hat die EU die Möglichkeit, Rechtsakte zu erlassen, welche die Mitgliedstaaten binden (vgl. Art. 288 AEUV).

- Die Einordnung als **Staatenbund** scheitert daran, dass die EU über eine ausführlich geregelte Organisationsstruktur verfügt. Ein Staatenbund bezeichnet aber lediglich eine Verbindung souveräner Staaten mit nur lockerer Organisation.

- Auch als **Bundesstaat** kann man die EU nicht bezeichnen. Denn hierunter fällt nur eine durch die Verfassung des Gesamtstaates gebildete staatsrechtliche Zusammenfassung, bei der die teilnehmenden Glieder Staatsqualität haben, aber auch der Gesamtverband die Qualität eines Staates besitzt. Dies ist bei der EU aber gerade nicht der Fall (s.o.).

IV. Die EU als Staatenverbund

Staatenverbund

Da alle gebräuchlichen Rechtsfiguren des Völker- und Staatsrechts wie gezeigt ausscheiden, wird die EU heute als **Verbindung sui generis** angesehen. Dies kommt auch in der vom BVerfG eingeführten Bezeichnung der EU als **„Staatenverbund"** zum Ausdruck. Dieser Begriff soll eine enge, auf Dauer angelegte Verbindung souverän bleibender Staaten beschreiben, die auf vertraglicher Grundlage öffentliche Gewalt ausübt, deren Grundordnung allein der Verfügung der Mitgliedstaaten unterliegt und in der die staatsangehörigen Bürger der Mitgliedstaaten die Subjekte demokratischer Legitimation bilden. Eine abstrakte Definition genau dessen, was die EU ausmacht!

B. Rechtsnatur des Unionsrechts

Unionsrecht als eigenständige Rechtsordnung sui generis

Nicht nur die Rechtsnatur der EU selbst wird diskutiert, sondern – eng damit verknüpft – auch die **Rechtsnatur des Unionsrechts**, also der Verträge und des durch die EU geschaffenen Rechts. Die h.M. zieht die Parallele zur Rechtsnatur und ordnet das Unionsrecht als **eigenständige Rechtsordnung sui generis** ein. Dieselben Gründe, die es unmöglich gemacht haben, die EU als bereits im Völkerrecht bekannte Kooperationsform einzuordnen, sprechen dafür, auch dem Unionsrecht einen Sonderstatus zuzubilligen.

C. Die EU und das Völkerrecht

Völkerrechtsfähigkeit der EU

Obwohl die EU nach Art. 47 AEUV Trägerin von Rechten und Pflichten sein kann, hat dies nicht automatisch zur Folge, dass die EU auch Völkerrechtssubjekt ist. Die Vorschrift des AEUV ist nur für die Mitgliedstaaten verbindlich, da es sich bei ihm ebenfalls um einen völkerrechtlichen Vertrag handelt, der nur für die Vertragsparteien – als die Mitgliedstaaten – verbindlich ist. Die EU kann deshalb völkerrechtliche Verträge mit Staaten, die nicht zugleich Mitgliedstaaten der EU sind (sog. **Drittländer**), erst dann abschließen, nachdem sie von diesen völkerrechtlich anerkannt worden ist.

I. Vorschriften für den Vertragsabschluss

Völkerrechtliche Verträge nur bei Verbandskompetenz der EU

Völkerrechtliche Verträge abzuschließen ist der EU – wegen des Prinzips der begrenzten Einzelermächtigung – nur auf den Sachgebieten nach Art. 216 Abs. 1 AEUV gestattet, auf denen die Mitgliedstaaten ihr die Kompetenz übertragen haben (sog. **Verbandskompetenz**, s.u. S. 70 ff.). Daneben muss sie bei Vertragsabschluss gemäß Art. 21 Abs. 1 UAbs. 1 S. 1 EUV die Grundlagen und Grundwerte wahren, die in den EU-Verträgen zum Ausdruck kommen.

Vertretung der EU bei Vertragsabschluss

Von welchem **Organ** die EU bei dem Vertragsabschluss **vertreten** wird, hängt vom Gegenstand des Vertrages ab:

- Betrifft der völkerrechtliche Vertrag die Sachgebiete, die in den **Art. 206 ff. AEUV** aufgezählt sind (z.B. Handelsabkommen), wird die EU von der **Kommission** vertreten, Art. 17 Abs. 1 S. 6 EUV).

- Ist hingegen die **Gemeinsame Außen- und Sicherheitspolitik** i.S.d. Art. 23 ff. EUV Gegenstand des völkerrechtlichen Vertrages, nehmen der **Präsident des Europäischen Rates** nach Art. 15 Abs. 6 EUV und der **Hohe Vertreter der Gemeinsamen Außen- und Sicherheitspolitik** nach Art. 27 Abs. 2 EUV die Vertretung der EU wahr.

Ermächtigung zum Vertragsabschluss durch Beschluss des Europäischen Rates

Vertragsverhandlungen dürfen nach Art. 218 Abs. 6 UAbs. 1 AEUV nur aufgenommen werden, wenn die genannten Organe dazu durch einen **Beschluss des Europäischen Rates** ermächtigt werden. Für den Abschluss des ausgehandelten Vertrages ist ein weiterer Beschluss erforderlich. Beiden Beschlüssen muss eine Anhörung, zum Teil auch die Zustimmung des **Europäischen Parlamentes** vorausgehen (vgl. Art. 217 Abs. 6 UAbs. 2 AEUV).

II. Wirkung und Rang des völkerrechtlichen Vertrags

Sonderstellung der völkerrechtlichen Verträge in der Unionsrechtsordnung

Ist der Vertrag abgeschlossen, erhält er einen **Zwischenrang** zwischen europäischem Primär- und Sekundärrecht. Dies folgt aus Art. 218 Abs. 1 AEUV, der die Überprüfung des Vertrages auf Verstöße gegen Primärrecht durch den Gerichtshof gestattet, und Art. 216 Abs. 2 AEUV, der den ausdrücklichen Vorrang vor dem Sekundärrecht festschreibt. Für die Umsetzungsmaßnahmen, die zur Durchführung des Vertrages erforderlich sind, ist die Kommission koordinierend zuständig.

Da die von der EU abgeschlossenen völkerrechtlichen Verträge Bestandteil des Unionsrechts sind, ist auch Rechtsschutz in Form der Nichtigkeitsklage nach Art. 263 AEUV möglich (zu dieser unten ausführlich auf S. 126 ff.).

2. Abschnitt: Verhältnis des Unionsrechts zum nationalen Recht

Kollision zwischen Unionsrecht und nationalem Recht

Die Mitgliedstaaten übertragen Hoheitsrechte und damit Kompetenzen auf die EU als supranationale – also den Mitgliedstaaten übergeordnete – Organisation. Zugleich verpflichten sich die Mitgliedstaaten, die Rechtsakte der EU, welche diese aufgrund der übertragenen Kompetenzen erlässt, zu respektieren und umzusetzen. Dieser als **effet utile** bezeichnete Grundsatz ist in Art. 4 Abs. 3 UAbs. 2 EUV festgeschrieben. Nicht ausdrücklich geregelt ist jedoch, was geschehen soll, wenn es zu Widersprüchen und Kollisionen zwischen dem Unionsrecht und dem nationalen Recht kommt.

A. Anwendungsvorrang des Unionsrechts

I. Ausgangspunkt im Grundgesetz

Öffnung des Grundgesetzes zugunsten des Unionsrechts

Da Art. 23 Abs. 1 S. 2 GG die Übertragung von **Hoheitsrechten** auf die EU gestattet, muss Deutschland das von der Union gesetzte Recht beachten. Die Regelung hat die **Öffnung der nationalen Rechtsordnung** zur Folge, indem der ausschließliche Herrschaftsanspruch der Bundesrepublik Deutschland im Geltungsbereich des Grundgesetzes zurückgenommen und dem Unionsrecht Raum für dessen Geltung eingeräumt wird. Deshalb wird Art. 23 GG auch als **Integrationshebel** bezeichnet.

Außerhalb der Sonderregelung wird Völkerrecht in Deutschland nach Art. 59 Abs. 2 S. 1 GG erst verbindlich, wenn ein Zustimmungsgesetz erlassen wird. Völkerrecht steht im Rang als einfaches Bundesgesetz unter dem GG.

II. Folgen der Übertragung von Hoheitsrechten

Gründe für den Anwendungsvorrang des Unionsrechts

Die Übertragung der Hoheitsrechte von den Mitgliedstaaten auf die EU hat zur Folge, dass das **Unionsrecht dem nationalen Recht vorgehen** muss. Als Argumente für den Vorrang werden genannt:

- **Eigenständigkeit der Unionsrechtsordnung:** Mit den Gründungsverträgen haben die Mitgliedstaaten ihre Souveränität beschränkt und eine eigenständige Rechtsordnung geschaffen, die infolge der Rechtsetzungsbefugnisse der EU auf Erweiterung ausgerichtet ist. Dieser Ausgestaltung widerspreche es, könnten die Mitgliedstaaten dem Unionsrecht widersprechendes nationales Recht erlassen und anwenden.
- **Funktionsfähigkeit der EU:** Um die Wirksamkeit des Unionsrechts zu gewährleisten, haben sich die Mitgliedstaaten in Art. 4

Abs. 3 UAbs. 3 Hs. 2 EUV ausdrücklich verpflichtet, alle Maßnahmen zu unterlassen, die die Verwirklichung der Ziele der EU gefährden können. Die Funktionsfähigkeit der EU wäre gefährdet, könnten die Mitgliedstaaten Unionsrecht durch nationales Recht torpedieren oder außer Kraft setzen.

Deshalb wird der Grundsatz, dass ein später erlassenes Gesetz dem früheren Gesetz vorgeht (sog. lex-posterior-Formel), zugunsten des Unionsrechts außer Kraft gesetzt.

- **Unmittelbare Geltung:** Art. 288 Abs. 2 AEUV legt fest, dass von der EU erlassene Verordnungen in den Mitgliedstaaten unmittelbare Geltung entfalten. Diese Bestimmung, die keinerlei Einschränkungen oder Einschränkungsmöglichkeiten enthält, wäre ohne Bedeutung, wenn die Mitgliedstaaten sie durch Gesetzgebungsakte einseitig funktionslos machen könnten.

!

Kurz gesagt: Wer Hoheitsrechte auf eine supranationale und damit „über ihm" positionierte Institution überträgt, ist an das Recht gebunden, das „von oben herab" in Ausübung dieser Hoheitsrechte erlassen wird!

Anwendungsvorrang statt Geltungsvorrang

Damit steht fest, dass das Unionsrecht jeglichem nationalen Recht vorgeht – auch dem Verfassungsrecht. Das heißt, dass auch die Regelungen des Grundgesetzes grundsätzlich vom Unionsrecht gleich welchen Ranges verdrängt oder zumindest überlagert werden. Damit ist zugleich die **Art des Vorrangs** beschrieben: Das Unionsrecht entfaltet **Anwendungsvorrang**, aber keinen Geltungsvorrang. Das Unionsrecht überlagert demnach das nationale Recht und zwingt im Einzelfall zu einer unionsrechtskonformen Auslegung oder dazu, entgegenstehendes nationales Recht nicht anzuwenden. Das dem Unionsrecht entgegenstehende Recht bleibt aber **wirksam**, sodass es außerhalb der Kollision mit dem Unionsrecht weiter auf rein nationale Fallgestaltungen angewendet werden kann. Der **Geltungsvorrang** würde demgegenüber dazu führen, dass die Kollisionsnorm des nationalen Rechts aufgrund des Widerspruchs zum Unionsrecht unwirksam würde.

B. Einschränkung des Anwendungsvorrangs

Streitpunkt absoluter Anwendungsvorrang des Unionsrechts

Lebhaft umstritten ist die Frage, ob dieser Anwendungsvorrang des Unionsrechts uneingeschränkt und damit absolut gilt oder ob er in besonderen Fällen durchbrochen werden kann. Der Gerichtshof in seiner Eigenschaft als Teil des Gerichtshofs der Europäischen Union (zu dessen Struktur siehe unten S. 120 ff.) besteht auf einem **absoluten Anwendungsvorrang**. Demgegenüber steht das BVerfG auf dem Standpunkt, dass es **Ausnahmen vom Anwendungsvorrang** geben kann und muss.

I. Entstehung und Ende der Solange-Formel

Solange I

Hintergrund ist die sog. **Solange-Rechtsprechung** des BVerfG. Dem BVerfG kommt nach dem Grundgesetz die Rolle des **„Hüters der Verfassung"** zu. In dieser Rolle sah es insbesondere den Grundrechtsschutz der deutschen Staatsangehörigen zu Beginn der EU gefährdet, da die Unionsrechtsordnung **keinerlei geschriebene Grundrechte** enthielt.

Auch in den aktuellen Fassungen des EUV und des AEUV sucht man vergeblich nach Grundrechten. Diese finden sich vielmehr in der EU-Grundrechtecharta.

!

Das BVerfG behielt sich deshalb vor, alle Rechtsakte der EU und ihrer Organe – unabhängig vom Unionsrecht! – anhand deutscher Grundrechte zu überprüfen, **solange** das Unionsrecht und der Gerichtshof keinen Grundrechtsschutz gewährleisten, der dem Schutzstandard des deutschen Grundgesetzes entspricht.

Solange II

Nachdem sich in der Rechtsprechung des Gerichtshofs später Grundrechte als allgemeine Rechtsgrundsätze etabliert hatten, kehrte das BVerfG die Solange-Formel um. Eine Überprüfung von Unionsrechtsakten anhand der deutschen Grundrechte sollte **nicht** mehr stattfinden, **solange** der Grundrechtsschutz in der Rechtsprechung des Gerichtshofs gewährleistet sei und das Schutzniveau nicht unter das des Grundgesetzes absinke.

In der Maastricht-Entscheidung und dem Bananenmarktbeschluss präzisierte das BVerfG seine Reservekompetenz dahingehend, dass es nur eingreifen wolle, wenn der Wesensgehalt der deutschen Grundrechte durch Unionsrecht gefährdet sei oder sich in der Rechtsprechung des Gerichtshofs hinsichtlich der Grundrechte strukturelle Rechtsprechungsdefizite erkennen ließen.

Nur noch theoretische Reservekompetenz des BVerfG

Diese sog. **Reservekompetenz des BVerfG** spielt aber heute nur noch eine theoretische Rolle: Mit der **EU-Grundrechtecharta (GRCh)** besteht auf Ebene der EU inzwischen ein festgeschriebener Grundrechtskatalog. Dieser ist auch für die Union verbindlich, da Art. 6 Abs. 1 Hs. 2 EUV die GRCh als gleichrangig mit den Verträgen (EUV und AEUV) erklärt. Die Bedingungen aus der Solange-II-Formel können also – vorbehaltlich einer Änderung der europäischen Verträge oder der Außerkraftsetzung der GRCh – nicht eintreten.

Ausführlich zu den Grundrechten aus der GRCh siehe unten S. 110 ff.

II. Durchbrechung des Anwendungsvorrangs

Art. 23 Abs. 1 GG als Ausgangspunkt der Durchbrechungen des Anwendungsvorrangs

Außerhalb der Solange-Formel nimmt das BVerfG auch heute noch zwei Durchbrechungen des Anwendungsvorrangs des Unionsrechts an und beruft sich dabei in beiden Fällen auf die Regelung in Art. 23 Abs. 1 GG: Denn die Übertragung von Hoheitsrechten ist nicht vollumfänglich, sondern wegen der Regelung in **Art. 23 Abs. 1 S. 3 a.E. GG** nur insoweit gestattet, als dass die Garantie des **Art. 79 Abs. 3 GG** nicht beeinträchtigt wird. Danach ist eine Änderung des Grundgesetzes, durch welche die Gliederung des Bundes in Länder, die grundsätzliche Mitwirkung der Länder bei der Gesetzgebung oder die in den Art. 1 und 20 GG niedergelegten Grundsätze berührt werden, unzulässig (sog. **Ewigkeitsgarantie**).

1. ultra-vires-Kontrolle

Ausbrechende Rechtsakte

Deutschland ist es aufgrund dieser Regelung untersagt, die sog. **Kompetenz-Kompetenz** auf die EU zu übertragen. Dem entspricht die Konstruktion des Prinzips der beschränkten Einzelermächtigung nach Art. 5 Abs. 1, Abs. 2 EUV auf europäischer Ebene. Die EU darf also ihre Zuständigkeit nur dort ausüben, wo sie ihr ausdrücklich durch die Mitgliedstaaten übertragen worden ist. Nehmen die EU oder ihre Organe allerdings Maßnahmen vor oder setzen Recht auf Sachgebieten, auf denen keine Übertragung durch die Mitgliedstaaten stattgefunden hat, bewegen sie sich außerhalb ihrer Zuständigkeiten – und greifen damit automatisch in die bei den Mitgliedstaaten verbliebenen Zuständigkeiten ein. Eine solche Maßnahme wird als **ausbrechender Rechtsakt** der EU beschrieben. Da sich ein solcher Rechtsakt außerhalb der Unionsrechtsordnung bewegt, ist er nach dem BVerfG dann auch nicht mehr an der Unionsrechtsordnung, sondern an der nationalen Rechtsordnung zu messen (sog. **ultra-vires-Kontrolle**).

Zurückhaltende Anwendung der ultra-vires-Kontrolle

Allerdings zwingen die **Funktionsfähigkeit der Union**, die bei ausufernder Verwerfung des Unionsrechts durch die mitgliedstaatliche Verfassungsgerichtsbarkeit kaum gewährleistet werden könnte, der **Grundsatz der loyalen Zusammenarbeit** zwischen den Mitgliedstaaten und der EU aus Art. 4 Abs. 3 UAbs. 1 EUV sowie die Europarechtsfreundlichkeit des Grundgesetzes (vgl. Präambel und Art. 23 Abs. 1 S. 1 GG) dazu, die ultra-vires-Kontrolle **sehr zurückhaltend** anzuwenden.

- Das BVerfG nimmt einen ultra-vires-Akt nur bei einer **evidenten Kompetenzüberschreitung** der Unionsorgane an. Der Verstoß muss hinreichend qualifiziert sein, was vom BVerfG bejaht wird, wenn das kompetenzwidrige Handeln **offensichtlich** ist und der angegriffene Akt im Kompetenzgefüge zwischen Mitgliedstaaten und der EU bezüglich des Prinzips der begrenzten Einzelermächtigung und der rechtsstaatlichen Gesetzesbindung **erheblich ins Gewicht fällt**.

- Zudem gibt das BVerfG dem Gerichtshof im Rahmen eines **Vorabentscheidungsverfahrens** nach Art. 267 AEUV die Gelegenheit, über die Gültigkeit und Auslegung des fraglichen Unionsrechtsaktes zu entscheiden und damit den Verstoß gegen das Unionsrecht selbst zu beseitigen.

Beispiel: Bisher ist es nur zu einer Einleitung eines Vorabentscheidungsverfahrens gekommen: Das BVerfG sah in dem sog. OMT-Beschluss der Europäischen Zentralbank (EZB), der die EZB zum Kauf von Staatsanleihen in der Finanz- und Wirtschaftskrise ermächtigte. Nachdem der Gerichtshof den Beschluss allerdings als europarechtskonform bestätigte, zog auch das BVerfG seine Bedenken zurück und nahm keinen ultra-vires-Akt der EZB an (vgl. BVerfG RÜ 2014, 313, EuGH RÜ 2015, 591 und BVerfG RÜ 2016, 518).

2. Identitätskontrolle

Integrationsfest ausgestaltete Verfassungsidentität des Grundgesetzes

Der Anwendungsvorrang wird nach dem BVerfG zudem durch die in Art. 23 Abs. 1 S. 3 i.V.m. Art. 79 Abs. 3 GG verfassungsänderungs- und integrationsfest ausgestaltete **Verfassungsidentität des Grundgesetzes** begrenzt. Sobald durch Maßnahmen der EU und ihrer Organe die Grundsätze berührt werden, die in Art. 1 und Art. 20 GG niedergeschrieben sind, nimmt die EU wiederum Kompetenzen in Anspruch, die ihr weder übertragen worden sind noch übertragen werden können. Die Mitwirkung Deutschlands in der EU darf jedenfalls nach diesen Regelungen auf keinen Fall dazu führen, dass grundlegende Prinzipien der deutschen Verfassung außer Kraft gesetzt oder von der EU unterlaufen werden. Berührt der europäische Rechtsakt diese unantastbaren Grundsätze, wird der Anwendungsvorrang für den konkreten Fall durchbrochen und das betroffene Unionsrecht in Deutschland für unanwendbar erklärt.

Beispiel: Die deutschen Behörden sind nicht verpflichtet, eine aufgrund eines europäischen Haftbefehls verhaftete Person an einen anderen Mitgliedstaat auszuliefern, wenn dem Verhafteten dort kein Rechtsmittel mehr gegen die in Abwesenheit erfolgte Verurteilung zur Verfügung steht (BVerfG RÜ 2016, 242).

Zurückhaltende Anwendung der Identitätskontrolle

Ebenso wie bei der ultra-vires-Kontrolle nimmt das BVerfG erst eine Verletzung der deutschen Verfassungsidentität durch die EU an, nachdem der Gerichtshof im Rahmen eines Vorabentscheidungsverfahrens angerufen worden ist.

Check: Rechtsnatur der EU, Verhältnis der Rechtsordnungen

1. Die EU ist ein...	**1.** Staatenverbund! Die Einordnung als Staat scheitert jedenfalls an der originären Staatsgewalt. Für einen Staatenbund ist die Organisation der EU zu straff und für die Einordnung als Bundesstaat fehlt der EU wiederum die Staatsqualität.
2. Wer vertritt die EU beim Aushandeln und Abschluss völkerrechtlicher Verträge?	**2.** Das hängt vom Inhalt des Vertrages ab: Betrifft der Vertrag die in den Art. 206 ff. AEUV aufgezählten Sachgebiete, wird die EU von der Kommission vertreten. Betrifft der Vertrag hingegen die Gemeinsame Außen- und Sicherheitspolitik, sind der Präsident des Europäischen Rates und der Hohe Vertreter der Gemeinsamen Außen- und Sicherheitspolitik zur Vertretung berufen.
3. Welchen Rang nehmen völkerrechtliche Verträge, welche die EU mit Drittländern abgeschlossen hat, in der Unionsrechtsordnung ein?	**3.** Die völkerrechtlichen Verträge nehmen einen Zwischenrang zwischen dem Primär- und Sekundärrecht ein. Die Union darf nur solche Verträge abschließen, die mit dem Primärrecht und den darin verankerten Zielen und Grundsätzen vereinbar sind. Andererseits folgt aus Art. 216 Abs. 2 AEUV, dass die völkerrechtlichen Verträge Vorrang vor dem Sekundärrecht genießen.
4. Wie ist das Verhältnis zwischen dem nationalen Recht und dem Unionsrecht?	**4.** Das Unionsrecht genießt Anwendungsvorrang. Dies führt dazu, dass nationales Recht im Kollisionsfall hinter europäisches Recht zurücktreten muss, aber für alle anderen Anwendungsfälle wirksam bleibt (Gegenbegriff: Geltungsvorrang).
5. Gilt der Anwendungsvorrang des Unionsrechts absolut?	**5.** Nach der Rspr. des BVerfG nicht. Es nimmt eine Durchbrechung des Anwendungsvorrangs an, wenn ■ der Grundrechtsschutz auf Unionsebene unter den hiesigen Schutzstandard absinkt (Solange-Formel), ■ Unionsorgane ihre Kompetenzen evident überschreiten (ultra-vires-Kontrolle) oder ■ Rechtsakte der EU die integrationsfest ausgestaltete Verfassungsidentität des Grundgesetzes berühren (Identitätskontrolle).
6. Darf das BVerfG unmittelbar von der ultra-vires- und der Identitätskontrolle Gebrauch machen?	**6.** Nein! Der Grundsatz der loyalen Zusammenarbeit sowie die europarechtsfreundliche Ausgestaltung des Grundgesetzes gebieten eine vorherige Befassung des Gerichtshofs im Rahmen eines Vorabentscheidungsverfahrens.

3. Abschnitt: Beitritt zur und Austritt aus der EU

A. Beitritt

Ausrichtung der EU auf Expansion

Wie sich aus der Formulierung der Präambel des EUV sowie der bisherigen Entwicklung der EU ergibt, ist diese grundsätzlich auf **Expansion** über den europäischen Kontinent angelegt. Deshalb ermöglicht **Art. 49 EUV** europäischen Staaten, der EU beizutreten.

I. Beitrittsvoraussetzungen

Beitritt nur für europäische Staaten

- Nach Art. 49 Abs. 1 S. 1 EUV kommen nur **europäischen Staaten** für einen Beitritt infrage. Hierzu gehören die Staaten, die in einer nahen räumlichen und wirtschaftlichen Beziehung zur Union stehen und eine der Grundstruktur der übrigen Mitgliedstaaten entsprechende freiheitliche, politische und wirtschaftliche Verfassung im Sinne der europäischen Tradition besitzen.

  Dabei muss der Staat nicht zwingend vollständig auf dem europäischen Kontinent liegen, wie die Beitrittsverhandlungen mit der Türkei zeigen. Eine zu große Distanz zum europäischen Festland schließt Beitrittsverhandlungen jedoch aus. Trotz seines Beitrittsantrags wurde deshalb Marokko nicht in die EU aufgenommen.

Einhaltung der Kopenhagener Kriterien

- Zusätzlich müssen die beitrittswilligen Staaten die Einhaltung der in Art. 2 EUV genannten **Grundwerte** der EU (sog. **Kopenhagener Kriterien**) gewährleisten. Für einen Beitritt maßgeblich sind **vier Kriterien:**

  - **Politisches Kriterium:** Der beitrittswillige Staat muss im Hinblick auf Freiheit, Demokratie, Menschenrechte und Rechtsstaatlichkeit den Grundsätzen entsprechen, auf denen die EU und die Verfassung ihrer Mitgliedstaaten aufbauen.

  - **Wirtschaftliches Kriterium:** Die Mitgliedschaft in der EU erfordert eine **funktionsfähige Marktwirtschaft** sowie die Fähigkeit, dem Wettbewerbsdruck und den Marktkräften innerhalb der EU standhalten zu können.

  - **Acquis-Kriterium:** Der beitrittswillige Staat muss die Gewähr dafür bieten, dass er in der Lage ist, die aus der Mitgliedschaft in der EU erwachsenden Verpflichtungen in demselben Umfang zu übernehmen wie die übrigen Mitgliedstaaten.

  - **Aufnahmefähigkeitskriterium:** Die EU selbst muss die Fähigkeit besitzen und beibehalten, neue Mitglieder aufzunehmen, und zugleich die Stoßkraft bei der Vertiefung der europäischen Integration aufrechterhalten.

II. Beitrittsverfahren

Ablauf des Beitrittsverfahrens

Das Beitrittsverfahren ist in Art. 49 Abs. 1 S. 2–4, Abs. 2 EUV geregelt. Nach dem **Antrag** des europäischen Staates auf Beitritt werden das Europäische Parlament sowie die nationalen Parlamente benachrichtigt. Nach einer vorläufigen Stellungnahme der Kommission – die in Art. 49 Abs. 1 EUV zwar nicht vorgesehen ist – entscheidet der Rat über die Aufnahme von Beitrittsverhandlungen. Die Verhandlungen werden aufseiten der Union von der Kommission und dem Rat geführt. Sie münden schlussendlich, werden sie nicht abgebrochen – was jederzeit voraussetzungslos möglich ist – in den Abschluss eines **Beitrittsvertrages**, der nach Zustimmung des Europäischen Parlaments und einstimmigen Beschluss des Rates abgeschlossen wird. Der Beitrittsvertrag wird indes nicht nur zwischen dem beitrittswilligen Staat und der EU, sondern mit allen Mitgliedstaaten geschlossen, der in den Mitgliedstaaten zusätzlich nach den jeweiligen verfassungsrechtlichen Vorgaben ratifiziert werden muss, Art. 49 Abs. 2 EUV.

!

Es besteht **kein Anspruch** europäischer Staaten **auf Aufnahme in die EU**! Der Beitritt erfolgt durch Abschluss eines völkerrechtlichen Vertrages, zu dem keine Partei gezwungen werden kann.

III. Wirkungen des Beitritts

Vollwertige Mitgliedschaft in der EU als Folge des Beitritts

Sobald der abgeschlossene Beitrittsvertrag von allen Mitgliedstaaten ratifiziert wurde, wird der beitrittswillige Staat zum **vollwertigen Mitgliedstaat der EU**. Hiermit gehen aber nicht nur Rechte, sondern auch Pflichten einher: Beispielsweise ist der neue Mitgliedstaat verpflichtet, das Unionsrecht nicht nur anzuwenden, sondern auch entgegenstehende oder nicht harmonisierte Rechtsvorschriften an das Unionsrecht anzupassen.

Aufgrund des Umfangs des Unionsrechts ist eine Anpassung aller Rechtsvorschriften „über Nacht" kaum möglich. Im Beitrittsvertrag mit dem neuen Mitgliedstaat wird deshalb i.d.R. eine Frist vereinbart, innerhalb derer das Recht des neuen Mitgliedstaates an das Unionsrecht angepasst werden muss.

B. Austritt

Einführung einer Möglichkeit zum Austritt aus der EU

Bevor die Möglichkeit des Austritts eines Mitgliedstaates aus der EU durch den Vertrag von Lissabon 2009 in **Art. 50 EUV** erstmalig geregelt wurde, nahm die h.M. an, dass ein einseitiger Austritt aus der EU mangels vertraglicher Grundlage nicht möglich sei.

Weiterhin ungeregelt ist, ob Mitgliedstaaten einvernehmlich ausscheiden können, ob die Mehrheit der Mitgliedstaaten den Ausschluss eines anderen Mitgliedstaates beschließen kann oder ob die Union einvernehmlich von allen Mitgliedstaaten aufgelöst werden kann. Überwiegend werden alle Maßnahmen – zumindest als ultima ratio nach Ausschöpfen anderer Sanktionssysteme der europäischen Verträge – nach allgemeinen völkerrechtlichen Grundsätzen für möglich erachtet.

I. Austrittsvoraussetzungen

Keine materiellen Voraussetzungen für einen Austritt aus der EU

Nach dem Wortlaut des Art. 50 Abs. 1 EUV wird der Austritt aus der EU durch eine Erklärung des austrittswilligen Staates ausgeübt; weitere Voraussetzungen sind nicht geregelt. Die h.M. nimmt deshalb an, dass ein Austritt aus der EU an **keine materiellen Voraussetzungen** wie z.B. das Scheitern von Verhandlungen über Kompromisse geknüpft ist.

II. Austrittsverfahren

Ablauf des Austrittsverfahrens

Da die Verflechtungen zwischen Mitgliedstaat und EU nicht ohne Weiteres gelöst werden können, schreibt Art. 50 Abs. 2 EUV ein **Austrittsverfahren** vor. Dieses wird durch die Mitteilung der Austrittsabsicht des jeweiligen Mitgliedstaates gegenüber dem Europäischen Rat ausgelöst. Daran schließen sich die **Austrittsverhandlungen** an, durch die das „Wie" des Austritts sowie die zukünftigen Beziehungen des austretenden Mitgliedstaates zur EU geregelt werden sollen. Hierin liegt die größte Schwierigkeit des Austritts, da die Vertreter der EU im Rahmen der Austrittsverhandlungen zwei gegenläufige Ziele im Blick behalten und zu einem Ausgleich bringen müssen:

- Die EU muss gerade beim Austritt langjähriger Mitgliedstaaten eine wirtschaftliche Kooperation möglich machen und deren Zugang zum Binnenmarkt zu erhalten versuchen.
- Sie darf aber dem austrittswilligen Mitgliedstaat nicht zu weit entgegenkommen, um einen zu „weichen" Austritt zu ermöglichen – denn dies erhöht die Gefahr, dass weitere Mitgliedstaaten einen Austritt ernsthaft in Betracht ziehen.

Frist für die Austrittsverhandlungen und sunset clause

Für die Verhandlungen steht den Parteien ein Zeitraum von **zwei Jahren** ab Mitteilung der Austrittsabsicht zur Verfügung, Art. 50 Abs. 3 EUV. Läuft die Frist ab, ohne das ein Austrittsabkommen geschlossen worden ist, wird der **Austritt ohne Abkommen** vollzogen (sog. **sunset clause**). Der vorherige Mitgliedstaat verliert diesen Status also automatisch mit Fristende und steht gegenüber der EU von diesem Zeitpunkt an als Drittland ohne vertragliche Beziehungen mit oder zur EU da – die wohl härteste Art, aus der EU auszuscheiden. Denn dem dann ausgeschiedenen Mitgliedstaat steht kein Zugang zum Binnenmarkt der EU mehr zur Verfügung, insbesondere darf es Waren nicht mehr zollfrei einführen. Ein Szenario, dass es für den ausscheidenden Staat zu verhindern gilt.

Möglichkeit der Fristverlängerung

Sollte sich eine Einigung zwischen der EU und dem ausscheidenden Mitgliedstaat innerhalb der Frist nicht erzielen lassen, sieht Art. 50 Abs. 3 a.E. EUV die Möglichkeit einer **Fristverlängerung** vor. Die Verlängerung kann nur einvernehmlich beschlossen werden, ist nicht von sonstigen Voraussetzungen abhängig und auch ihrerseits nicht befristet. Das hat zur Folge, dass die Verhandlungsparteien die Frist so oft und so häufig verlängern können und dürfen, wie sie möchten. Allerdings darf bezweifelt werden, dass es wirklich zu einer häufigen Fristverlängerung kommt: Denn zeigt sich innerhalb der Frist von zwei Jahren, dass keine Einigung erzielt werden kann, ergibt eine Fristverlängerung keinen Sinn – kommt sie doch einem faktischen Verbleib in der EU gleich.

Austrittsabkommen zwischen dem austrittswilligen Staat und der EU

Sind die Austrittsverhandlungen abgeschlossen, wird der Austritt durch Abschluss eines **Austrittsabkommens** vollzogen. Dieser stellt aber nicht das Gegenstück (actus contrarius) zum Beitritt dar, da er zwischen dem austrittswilligen Staat und der EU selbst geschlossen wird; eine Mitwirkung der sonstigen Mitgliedstaaten findet über deren Repräsentanz in den EU-Organen statt.

III. Austrittsfolgen

Folgen des Austritts aus der EU

Vorbehaltlich anderweitiger Regelungen im Austrittsabkommen wird der dann ehemalige Mitgliedstaat nach seinem Austritt behandelt wie jedes andere Drittland. Dies kommt insbesondere in Art. 50 Abs. 5 EUV zum Ausdruck, der bei einem Wiedereintritt des ausgetretenen Staates vorschreibt, dass das vollständige Beitrittsverfahren des Art. 49 EUV durchlaufen werden muss; ein privilegierter Wiederbeitritt existiert also nicht. Primäres und sekundäres Unionsrecht (dazu ausführlich unten S. 59 ff.) gilt ab dem Austrittszeitpunkt nicht mehr; an Unionsrecht angepasstes nationales Recht kann also jederzeit frei abgeändert werden.

!

Klausurhinweis: *Das Verfahren nach Art. 50 EUV kommt gerade beim sog. Brexit – dem Austritt Großbritanniens aus der EU – zum ersten Mal zur Anwendung. Sie sollten deshalb genau die aktuelle Entwicklung betrachten, lassen sich aktuelle Ereignisse gerade in Zusatzfragen in den Klausuren gut einbinden!*

4. Abschnitt: Die Unionsbürgerschaft

A. Bedeutung und Ziel

Begriff des Unionsbürgers

Unionsbürger ist gemäß Art. 9 S. 2 EUV, Art. 20 Abs. 1 S. 2 AEUV, wer die Staatsangehörigkeit eines Mitgliedstaates besitzt. Diese Regelung mussten die Mitgliedstaaten wählen, da die EU mangels Staatsqualität (s.o. S. 6 ff.) nach h.M. **keine eigene „EU-Staatsangehörigkeit"** verleihen kann. Der Status des Unionsbürgers tritt deshalb zur nationalen Staatsangehörigkeit hinzu und ersetzt diese gerade nicht (Art. 9 S. 3 EUV, Art. 20 Abs. 1 S. 3 AEUV).

Berechtigte der subjektiven Rechte aus EUV und AEUV

Die Unionsbürgerschaft dient einerseits dazu, den Kreis der Berechtigten zu beschreiben, dem die in den europäischen Verträgen festgeschriebenen **subjektiven Rechte** zustehen (Art. 20 Abs. 2 S. 1 AEUV). Neben den speziellen Rechten, die in Art. 20 Abs. 2 S. 2 lit. a–d AEUV aufgezählt und in den Art. 21 ff. AEUV näher geregelt sind, können sich auch nur Unionsbürger auf die **Grundfreiheiten** berufen (zu diesen ausführlich unten S. 79 ff.).

!

Aufbauhinweis: *Bei den Unionsbürgerrechten sowie den Grundfreiheiten wird im Rahmen des* ***persönlichen Schutzbereichs*** *überprüft, ob die das Recht einfordernde Person Unionsbürger ist.*

Andererseits ist die Unionsbürgerschaft eingeführt worden, um die **Identifikation** der Staatsangehörigen in den Mitgliedstaaten mit der EU zu stärken, eine Art **Zugehörigkeitsgefühl** zu erzeugen. Sollte die europäische Integration weiter voranschreiten und – wenngleich in ferner Zukunft – in einem europäischen Staat münden, wäre die Unionsbürgerschaft nach Art. 9 EUV die Vorstufe einer europäischen Staatsangehörigkeit.

!

Hinweis: *Hierfür spricht auch, dass die Unionsbürgerschaft den zuvor verwendeten Begriff des „Marktbürgers" abgelöst hat, der in den Verträgen vor den Veränderungen durch den Vertrag von Lissabon verwendet wurde. Dies drückt den Willen zur Weiterentwicklung der ursprünglichen Wirtschaftsgemeinschaft hin zu einer staatenähnlichen EU deutlich aus.*

Adressaten der Unionsbürgerrechte

Anders als man erwarten würde, stehen den Unionsbürgern ihre Bürgerrechte nach dem AEUV **nicht gegenüber der EU** zu. Vielmehr erstreckt sich der Wirkungsbereich der Unionsbürgerrechte auf das Verhältnis der **Unionsbürger zu den einzelnen Mitgliedstaaten** im Falle einer Grenzüberschreitung. Die Unionsbürgerrechte dienen damit in erster Linie dazu, gleiche Bedingungen für die Bürger in allen Mitgliedstaaten zu schaffen.

B. Freizügigkeit

Freizügigkeit als wichtigstes Unionsbürgerrecht

Das wichtigste Unionsbürgerrecht, das den Staatsangehörigen der Mitgliedstaaten ohne einen Anknüpfungspunkt an wirtschaftliche Betätigungen gewährleistet wird, ist die **Freizügigkeit**, Art. 21 AEUV. Sie gewährt allen Unionsbürgern das Recht, sich in allen Mitgliedstaaten aufzuhalten, in diese ein- und wieder auszureisen.

Aufbauschema: Freizügigkeit, Art. 21 AEUV

I. Anwendbarkeit
1. Subsidiarität ggü. Grundfreiheiten (z.B. Art. 45 AEUV)
2. Vorrang der Freizügigkeitsrichtlinie

II. Schutzbereich
1. Sachlich: Freizügigkeit in den Mitgliedstaaten
2. Persönlich: Unionsbürger

III. Beschränkung

Staatliche Maßnahme, die den sachlichen Schutzbereich beschränkt

IV. Rechtfertigung
1. Einschränkungsmöglichkeit durch Primär- und Sekundärrecht
2. Unionsrechtskonforme Konkretisierung (insbes. Verhältnismäßigkeit)

!

Aufbauhinweis: *Die Prüfung der Unionsbürgerrechte entspricht – mit Ausnahme der vorgeschalteten Anwendbarkeitsprüfung – der Prüfung nationaler Grundrechte nach dem sog. dreigliedrigen Grundrechtsaufbau sowie dem Aufbauschema für die Verletzung von Grundfreiheiten des AEUV und Grundrechten der GRCh.*

I. Anwendbarkeit

1. Subsidiarität der allgemeinen Freizügigkeit

Subsidiarität der allgemeinen Freizügigkeit gegenüber speziellen Freizügigkeitsregeln des Primärrechts

Die Unionsbürgerrechte stellen zwar grundlegende Freiheiten dar, sind aber sehr allgemein gehalten. Für besondere Gebiete existieren speziellere subjektive Rechte der Unionsbürger, die Überschneidungen mit dem Schutzbereich der Unionsbürgerrechte aufweisen. Insoweit gilt der **Vorrang des spezielleren Rechts**: Die Freizügigkeit aus Art. 21 Abs. 1 AEUV ist z.B. gegenüber den speziellen Einreise- und Verbleibensregeln der Arbeitnehmerfreizügigkeit aus Art. 45 AEUV **subsidiär**.

2. Subsidiarität gegenüber Sekundärrecht

Subsidiarität der allgemeinen Freizügigkeit gegenüber speziellen Freizügigkeitsregeln des Primärrechts

Ungewöhnlich ist die Subsidiarität der Freizügigkeit gegenüber dem speziellen Sekundärrecht, da der Grundsatz des Vorrangs des spezielleren Rechts eigentlich nur gegenüber Rechtsvorschriften auf derselben oder einer höheren Rangstufe gilt. Aufgrund der Sonderregel des Art. 21 Abs. 2 AEUV aber, die die allgemeine Freizügigkeit faktisch unter einen Regelungs- und Ausgestaltungsvorbehalt stellt, verdrängt auch spezielleres Sekundärrecht die Freizügigkeit aus dem – grundsätzlich höherrangigen – Primärrecht des Art. 21 Abs. 1 AEUV. Speziell ausgestaltet ist die Freizügigkeit insbesondere in der sog. **Freizügigkeitsrichtlinie** (RL 2004/28/EG).

!

Klausurhinweis: *Sofern Sie die Vereinbarkeit einer nationalen Vorschrift mit der Freizügigkeit in der Klausur überprüfen sollen, achten Sie besonders auf den Bearbeitungshinweis – dort wird die Anwendung der Freizügigkeitsrichtlinie regelmäßig ausgeschlossen!*

II. Schutzbereich

1. Sachlicher Schutzbereich

Freie Einreise, Bewegungsfreiheit und Recht zum Verbleib

Aus Art. 21 Abs. 1 AEUV folgt zunächst das Recht, in das Hoheitsgebiet jedes Mitgliedstaates der EU uneingeschränkt **einreisen** zu dürfen. Nach der Einreise garantiert die Freizügigkeit, dass sich die Unionsbürger in den jeweiligen Mitgliedstaaten **frei bewegen** und in dem Mitgliedstaat **verbleiben** dürfen. Unionsbürger müssen deshalb bei Einreise in einen anderen Mitgliedstaat weder ein Visum beantragen noch eine oftmals vorgesehene zeitliche Aufenthaltsbefristung einhalten. Sie können vielmehr ihren Wohnsitz auch dauerhaft in einen anderen Mitgliedstaat verlagern.

Erweiterung der Freizügigkeit durch Recht auf Gleichbehandlung

Erweitert wird der Schutzbereich der Freizügigkeit durch die Verbindung mit dem Diskriminierungsverbot: Nach der Rechtsprechung des Gerichtshofs folgt aus Art. 21 i.V.m. Art. 18 AEUV für die einreisenden Unionsbürger ein **Recht auf Gleichbehandlung** mit den Staatsangehörigen des Aufnahmemitgliedstaates. Dies gilt bislang in Bereichen, in denen eine Ungleichbehandlung negative Auswirkungen auf die Freizügigkeit haben könnte. Insbesondere soll vermieden werden, dass die Unionsbürger durch die ungleiche Behandlung davor abgeschreckt werden, von der Freizügigkeit innerhalb der Grenzen der EU Gebrauch zu machen.

Beispiel: Unionsbürger haben im aufnehmenden Mitgliedstaat einen Anspruch auf Sozialleistungen. Dies gilt allerdings nicht, wenn sie sich allein mit dem Ziel, in den Genuss von Sozialhilfe zu kommen, in einen anderen Mitgliedstaat begeben haben.

2. Persönlicher Schutzbereich

Unionsbürger als Berechtigte der Freizügigkeit

Da es sich um ein Unionsbürgerrecht handelt, steht die Freizügigkeit innerhalb der EU selbstverständlich nur **Unionsbürgern** zu.

!

Klausurhinweis: *In der Klausur ist hier keine umfangreiche Prüfung erforderlich! Es genügt der Hinweis auf die angegebene Staatsangehörigkeit und die Mitgliedschaft dieses Staates in der EU!*

III. Beschränkung

Weiter Beschränkungsbegriff des Gerichtshofs

Eine Beschränkung der Freizügigkeit liegt in jeder **mitgliedstaatlichen Maßnahme**, welche die Freizügigkeit oder die aus ihr abgeleiteten Rechte **unmittelbar oder mittelbar beeinträchtigt**. Der Gerichtshof legt den Begriff der Beeinträchtigung weit aus und hat deshalb eine Beschränkung angenommen, wenn persönliche Unannehmlichkeiten, persönliche Kosten oder Verzögerungen die Inanspruchnahme der Freizügigkeit unwahrscheinlicher machen.

IV. Rechtfertigung

Möglichkeit der Rechtfertigung einer Beschränkung

Nicht in jeder Beschränkung der Freizügigkeit liegt eine Verletzung derselben. Vielmehr können Beschränkungen **gerechtfertigt** sein, da Art. 21 Abs. 1 AEUV die Freizügigkeit ausschließlich unter den im AEUV und den Durchführungsbestimmungen vorgesehenen Beschränkungen und Bedingungen garantiert.

1. Einschränkungsmöglichkeit

Einschränkung durch primäres und sekundäres Unionsrecht

Die Freizügigkeit kann also **durch primäres und sekundäres Unionsrecht** eingeschränkt werden. Allerdings müssen die unionsrechtlichen Regelungen derart ausgestaltet sein, dass sie dem nationalen Gesetzgeber bzw. den nationalen Behörden als Ermächtigungsgrundlage dienen, da die Beschränkung wie oben dargestellt nur durch nationale Vorschriften bzw. Verwaltungsmaßnahmen erfolgen kann.

Einschränkung durch Recht der Mitgliedstaaten

Auch durch **Recht der Mitgliedstaaten** können Beschränkungen der Freizügigkeit gerechtfertigt werden. Sofern sie nicht unmittelbar auf eine Grundlage des Unionsrechts zurückgehen und diese umsetzen oder ausgestalten, kommt mitgliedstaatliches Recht nur in Betracht, wenn mit der Regelung ein **im Allgemeininteresse liegendes Ziel verfolgt** wird.

2. Grenzen der Rechtfertigung

Grenzen der Rechtfertigung – sog. Schranken-Schranken

Die Einschränkungsmöglichkeit bedarf allerdings der **Konkretisierung** durch Unionsrecht oder durch das Recht der Mitgliedstaaten, welche Ermächtigungsgrundlagen für die konkret beschränkenden Maßnahmen vorsehen müssen. Sowohl die EU als auch die Mitgliedstaaten sind dabei allerdings nicht in der Lage, jede Beschränkung der Freizügigkeit mit entsprechenden Rechtsvorschriften zu rechtfertigen; vielmehr sind den Organisationen **bei der Rechtfertigung Grenzen gesetzt**. Diese Grenzen – auch als „Schranken-Schranken" bezeichnet – werden durch die allgemeinen Grundsätze markiert, die im Bereich des Unionsrechts zwingend zu beachten sind, wie insbesondere der **Grundsatz der Verhältnismäßigkeit**.

C. Diskriminierungsverbot

Diskriminierungsverbot als Unionsbürgerrecht im weiteren Sinne

Obwohl es seinem Wortlaut nach nicht ausdrücklich als spezifisches Recht der Unionsbürger formuliert ist, wird das **Diskriminierungsverbot** aus Art. 18 AEUV zu den Unionsbürgerrechten im weiteren Sinne gezählt.

Aufbauschema: Diskriminierungsverbot, Art. 18 AEUV

I. Anwendbarkeit
Vorrang spezieller Diskriminierungsverbote

II. Schutzbereich
1. Sachlich: Sachverhalt mit Unionsrechtsbezug
2. Persönlich: jedenfalls Unionsbürger

III. Diskriminierung
- Offene Diskriminierung
- Versteckte Diskriminierung

IV. Rechtfertigung
1. Objektive Erwägungen des Allgemeinwohls
2. Grundsatz der Verhältnismäßigkeit

!

Aufbauhinweis: *Obwohl es sich bei Art. 18 AEUV um ein Gleichheitsrecht handelt, sollten Sie nicht den Prüfungsaufbau des Gleichheitssatzes aus Art. 3 GG übernehmen!*

I. Anwendbarkeit

Subsidiarität des allgemeinen Diskriminierungsverbotes

Das Diskriminierungsverbot aus Art. 18 AEUV kann auch als **allgemeines Diskriminierungsverbot** bezeichnet werden. Es ist deshalb gegenüber allen speziellen Ausprägungen **subsidiär**. Insbesondere tritt es hinter die **Grundfreiheiten** aus den Art. 28 ff. AEUV zurück, die eine besondere Ausprägung des Diskriminierungsverbotes im Wirtschaftsverkehr des Binnenmarktes enthalten.

II. Schutzbereich

1. Sachlicher Schutzbereich

Sachverhalt mit Unionsrechtsbezug

Der Schutzbereich des Diskriminierungsverbotes ist eröffnet, wenn ein **Sachverhalt mit Unionsrechtsbezug** vorliegt. Dies ist der Fall, wenn der einschlägige Sachverhalt im Zusammenhang mit einer im AEUV geregelten Materie steht.

2. Persönlicher Schutzbereich

Jedenfalls Unionsbürger geschützt

Ein persönlicher Schutzbereich ist dem Wortlaut des Art. 18 AEUV nicht zu entnehmen. Der Wortlaut verbietet lediglich die Diskriminierung aus Gründen der Staatsangehörigkeit, ohne dabei allerdings konkret auf die Staatsangehörigkeit der Mitgliedstaaten abzustellen. Auch die systematische Stellung sowie die Überschrift des Abschnitts des AEUV sprechen nicht für eine zwingende Beschränkung des persönlichen Schutzbereichs auf Unionsbürger. Diesen wird der Schutz aber in jedem Fall zuteil.

III. Diskriminierung

Unterscheidung von offener und versteckter Diskriminierung

Art. 18 Abs. 1 AEUV steht der **Diskriminierung aufgrund der Staatsangehörigkeit** entgegen. Dogmatisch betrachtet handelt es sich hierbei um einen besonderen Eingriffsbegriff.

- Eine **offene Diskriminierung** liegt vor, wenn eine unterschiedliche Regelung ausdrücklich an das Kriterium der Staatsangehörigkeit geknüpft wird.
- Eine **versteckte Diskriminierung** ist gegeben, wenn ohne ausdrückliche Anknüpfung an die Staatsangehörigkeit eine faktische Benachteiligung der Angehörigen anderer Staaten bewirkt wird.

Inländerdiskriminierung

Beide Arten der Diskriminierung sind von Art. 18 AEUV erfasst, lösen also ein Rechtfertigungsbedürfnis aus. Lediglich die **Inländerdiskriminierung** wird von dem Diskriminierungsverbot nicht erfasst. Hierunter fällt die Schlechterstellung der eigenen Staatsangehörigen gegenüber den Staatsangehörigen anderer Mitgliedstaaten.

IV. Rechtfertigung

Relatives Diskriminierungsverbot

Art. 18 Abs. 1 AEUV beinhaltet nach h.M. lediglich ein **relatives Diskriminierungsverbot**. Das bedeutet, dass sowohl die offene als auch die versteckte Diskriminierung gerechtfertigt werden kann.

1. Objektive Erwägungen des Allgemeinwohls

Objektive Erwägungen des Allgemeinwohls

Die Diskriminierung ist gerechtfertigt, wenn sie auf **objektiven, von der Staatsangehörigkeit des Betroffenen unabhängigen Erwägungen** beruht. Als derartige Erwägungen kommen beispielsweise der Umweltschutz oder auch eine gerechte Lastenverteilung in Betracht. Bei der Prüfung der Rechtfertigung muss deshalb nachgewiesen werden, dass die nationale diskriminierende Maßnahme derartige Erwägungen verfolgt; die Überprüfung obliegt dem Gerichtshof.

Beispiel: Umstritten ist, ob die in Deutschland geplante Maut für die Benutzung der Bundesautobahnen und Bundesfernstraßen durch Pkw eine objektive Erwägung des Allgemeinwohls verfolgt und deshalb gerechtfertigt ist. Eine Diskriminierung könnte darin liegen, dass nur deutschen Staatsangehörigen die auf sie entfallende Autobahnmaut über ein Ausgleichsystem bei der Kraftfahrzeugsteuer faktisch erstattet werden soll. Hiermit würde die Autobahnmaut letztlich de facto nur von ausländischen Autobahnnutzern gezahlt.

2. Grundsatz der Verhältnismäßigkeit

Verhältnismäßigkeit

Selbst wenn eine objektive Erwägung des Allgemeinwohls mit der nationalen Maßnahme verfolgt wird, führt dies nicht automatisch zur Rechtfertigung der Diskriminierung. Vielmehr muss die Art der Zweckverfolgung **verhältnismäßig** sein.

D. Weitere Unionsbürgerrechte

Weitere Unionsbürgerrechte

Die weiteren Unionsbürgerrechte finden sich in den Art. 22 ff. AEUV. Hierzu gehören insbesondere das **aktive und passive Wahlrecht bei Kommunalwahlen** (Art. 22 AEUV), das **Recht auf diplomatischen und konsularischen Schutz** (Art. 23 AEUV) sowie das **Petitionsrecht** (Art. 24 AEUV).

1. Welche Anforderungen muss ein Staat für den Beitritt zur EU erfüllen?	**1.** Es muss sich um einen europäischen Staat handeln, der die in Art. 2 EUV festgeschriebenen Grundwerte der EU (sog. Kopenhagener Kriterien) erfüllt und wahrt.
2. Wie kann ein Mitgliedstaat aus der EU ausscheiden?	**2.** Durch einseitige Erklärung mit anschließender Verhandlung der Austrittsfolgen, durch einvernehmliches Ausscheiden, durch Ausschluss oder infolge der vollständigen Auflösung der EU. Geregelt ist nur der erste Fall in Art. 50 EUV.
3. Welche Voraussetzungen müssen vorliegen, damit ein Mitgliedstaat von seinem Austrittsrecht Gebrauch machen kann?	**3.** Nach h.M. keine! Überwiegend wird die Regelung in Art. 50 Abs. 1 EUV so verstanden, dass es sich um eine Art einseitiges Kündigungsrecht mit anschließenden Verhandlungen um ein Austrittsabkommen handelt, das an keine materiellen Voraussetzungen geknüpft ist.
4. Was versteht man unter der „sunset clause“?	**4.** Hierunter wird der Austritt eines Mitgliedstaates ohne Austrittsabkommen infolge Ablaufs der 2-Jahres-Frist aus Art. 50 Abs. 3 EUV verstanden.
5. Kann die Unionsbürgerschaft als Staatsbürgerschaft angesehen werden?	**5.** Die h.M. verneint das. Durch die rein vertragliche Schaffung des Status und ohne Staatsqualität der EU stelle die Unionsbürgerschaft lediglich einen Sonderstatus, aber keine Staatsbürgerschaft dar.
6. Welche Rechte stehen Unionsbürgern aufgrund der Freizügigkeit zu?	**6.** Art. 21 AEUV schützt das Recht der Unionsbürger, sich im Hoheitsgebiet der Mitgliedstaaten frei zu bewegen und aufzuhalten. Aus dem Aufenthaltsrecht folgt das Recht zum Verbleib in einem Mitgliedstaat, sodass der Unionsbürger weder unmittelbar noch mittelbar zur Ausreise gezwungen werden darf. In Kombination mit dem Diskriminierungsverbot aus Art. 18 AEUV steht den Unionsbürgern ein Recht auf Gleichbehandlung mit den Staatsangehörigen des Staates zu, in dem sie sich aufhalten.
7. Gilt das Diskriminierungsverbot nur für Unionsbürger?	**7.** Eine solche Beschränkung lässt sich aus Art. 18 AEUV nicht entnehmen, das Diskriminierungsverbot wird deshalb als Unionsbürgerrecht im weiteren Sinne bezeichnet. Jedenfalls gilt es für Unionsbürger, eine Anwendung auf andere ist nicht ausgeschlossen.
8. Wirkt das Diskriminierungsverbot absolut oder relativ?	**8.** Es handelt sich um ein relatives Diskriminierungsverbot, da sowohl offene als auch versteckte Diskriminierungen gerechtfertigt werden können.

3. Teil: Organisationsrecht

Ein nicht unerheblicher Teil der Vorschriften des EUV und des AEUV beschäftigt sich damit, die **Organisation der EU** zu regeln. Das ist eine unmittelbare Folge ihrer Entstehung: Die EU ist durch den Abschluss **völkerrechtlicher Verträge** der Mitgliedstaaten zustande gekommen und nicht etwa durch die europäische Bevölkerung im Rahmen der Verabschiedung einer Verfassung. Es muss daher eindeutig geregelt werden, welche Zuständigkeiten die Mitgliedstaaten in welchem Umfang auf die EU übertragen und durch welche Organe diese Zuständigkeiten wahrgenommen werden. Hierzu werden die Kompetenzen der EU – wie auch bei anderen juristischen Personen des öffentlichen Rechts üblich – in die **Verbands- und Organkompetenz** aufgeteilt:

Organisationsrecht als Hauptbestandteil der europäischen Verträge

- Die **Verbandskompetenz** beschreibt, ob die EU als solche zuständig ist oder ob die Zuständigkeit für das jeweilige Sachgebiet bei den Mitgliedstaaten verblieben ist.

  Welche sachlichen Zuständigkeiten die EU besitzt, wird im Rahmen der Rechtsetzung (unten S. 70 ff.) erläutert.

- Da die EU als juristische Person nicht selbst handeln kann, verfügt sie über Organe, welche für sie tätig werden. Aufgrund der Vielzahl an Aufgaben verfügt die EU über mehrere Organe, sodass über die **Organkompetenz** geregelt ist, welches Organ die Aufgabe konkret wahrzunehmen hat.

!

Hinweis: *Das Erlernen des EU-Organisationsrechts können Sie sich durch Vergleiche deutlich erleichtern: Auch das deutsche Grundgesetz enthält in den Abschnitten I-VI reines Organisationsrecht hinsichtlich der einzelnen Organe der Bundesrepublik Deutschland. Da die europäische Institution im Kontext der Verfassungsüberlieferungen der einzelnen Mitgliedstaaten zu sehen ist, folgt hieraus, dass sich die mitgliedstaatlichen Grundprinzipien auch im EU-Organisationsrecht fortsetzen. Dies hat zur Folge, dass viele Konstruktionen und Organzuständigkeiten auch* ***mit den Regelungen des deutschen Grundgesetzes vergleichbar*** *sind oder diesen sogar entsprechen!*

1. Abschnitt: Grundlagen

A. Numerus clausus der Organe und Systematik

In Art. 13 Abs. 1 UAbs. 2 EUV werden die Organe abschließend aufgezählt (sog. **numerus clausus der Organe der EU**), welcher sich die EU bedienen kann, um ihre Aufgaben zu erfüllen. Der numerus

numerus clausus der EU-Organe

clausus hat zur Folge, dass die EU selbst keine neuen Organe durch den Erlass von Sekundärrecht einfügen kann; neue Organe können nur durch eine Änderung des Art. 13 EUV geschaffen werden. An einer solchen Vertragsänderung müssen alle Mitgliedstaaten mitwirken. Im Einzelnen werden die Kompetenzen der EU durch folgende Organe wahrgenommen:

- **Europäisches Parlament**, Art. 14 EUV
- **Europäischer Rat**, Art. 15 EUV
- **Rat**, Art. 16 EUV
- **Europäische Kommission**, Art. 17 EUV
- **Gerichtshof der Europäischen Union**, Art. 19 EUV
- **Europäische Zentralbank**, Art. 282 ff. AEUV
- **Rechnungshof**, Art. 285 ff. AEUV.

Jedem Organ ist auf den nachfolgenden Seiten ein eigener Abschnitt gewidmet. Nur die Organisation des Gerichtshofs der Europäischen Union wird im Rahmen des europäischen Prozessrechts dargestellt (siehe unten S. 120 ff.)

Grundlegende Konstruktion in Art. 13 ff. EUV, Details in Art. 223 ff. AEUV

Die grundlegenden Regelungen über die Organe – Zusammensetzung, ggf. Wahlvorschriften und Aufgaben des Organs – finden sich grundsätzlich im EUV. Die Einzelheiten der Organkompetenz werden in den **Art. 223 ff. AEUV** geregelt. Dort ist jedem Organ ein einzelner Abschnitt des AEUV gewidmet. Eine Sonderstellung nehmen die Europäische Zentralbank und der Rechnungshof ein, die ausschließlich im AEUV geregelt (vgl. Art. 13 Abs. 3 EUV), aber in Art. 13 EUV zumindest erwähnt sind.

B. Bindung an die Grundprinzipien

Bindung der Organe an die Grundprinzipien der EU

Nach Art. 13 Abs. 1 UAbs. 1 EUV bilden die Organe der EU den **institutionellen Rahmen**, innerhalb dessen und durch den die Union ihren Werten Geltung verschafft und ihre Ziele verfolgt. Damit ist sichergestellt, dass die Organe denselben Grundprinzipien verpflichtet sind wie die EU selbst. Auch das **Prinzip der begrenzten Einzelermächtigung** wird in Art. 13 Abs. 2 S. 1 EUV wiederholt, sodass die Organe nur dort zuständig sind, wo sie ihnen durch ausdrückliche Regelung in den Verträgen überantwortet werden.

C. Keine explizite Gewaltenteilung

Gegenseitige Kontrolle und Grundsatz des institutionellen Gleichgewichts der Organe

Allerdings fehlt in den Verträgen eine Regelung der **Gewaltenteilung**, wie sie beispielsweise in Art. 1 Abs. 3, 20 Abs. 2 S. 2 GG enthalten ist. Kompensiert wird dies zum einen dadurch, dass eine **gegenseitige Kontrolle** der Organe untereinander vorgesehen ist (dabei ausführlich bei den Zuständigkeiten der einzelnen Organe). Zum anderen gebietet der vom Gerichtshof entwickelte **Grundsatz des institutionellen Gleichgewichts der Organe**, dass jedes Organ seine Befugnisse unter Beachtung der Befugnisse des anderen Organs ausübt und Verstöße hiergegen durch den Gerichtshof geahndet werden können.

!

Klausurhinweis: *Das reine Organisationsrecht kommt in Falllösungen selten vor (z.B. bei der Überprüfung des Rechtsetzungsverfahrens des sekundären Unionsrechts). Häufig werden die Klausuren aber um allgemeine Wissens- oder Zusatzfragen erweitert. Hier kann das Wissen über die Organe leicht abgefragt werden (z.B.: „Erläutern Sie den Unterschied zwischen dem Rat und dem Europäischen Rat!" oder „Steht dem Europäischen Parlament das Initiativrecht zu?"). Deshalb sollten Sie das Organisationsrecht – wenngleich es bestimmt nicht zum interessantesten Teil des Europarechts gehört – für Ihre Klausurvorbereitung nicht vernachlässigen! Um Ihnen das Lernen und Wiederholen zu erleichtern, beginnt jeder Abschnitt zu den einzelnen Organen mit einem kurzen Steckbrief, der die „Eckdaten" zu jedem Organ kurz auflistet.*

2. Abschnitt: Das Europäische Parlament

Steckbrief: Europäisches Parlament
■ **Sitz:** Straßburg (Hauptsitz), Luxemburg (Verwaltungssitz), Brüssel (Ausschüsse)
■ **Zusammensetzung:** 750 Abgeordnete + Präsident(in)
■ **Aufgaben:** Gesetzgebungsorgan (indirektes Initiativrecht), Haushaltsaufstellung (mit Rat), Wahlrecht (Parlaments- und Kommissionspräsident), Kontrollfunktion (u.a. Kommission)
■ **Beschlussfassung:** grds. Mehrheit der abgegebenen Stimmen
■ **Vorschriften:** Art. 14 EUV, Art. 223 ff. AEUV

A. Sitz

Europäisches Parlament als Wanderzirkus

Nach Art. 341 AEUV bestimmen die Mitgliedstaaten im Einvernehmen den Sitz der Organe. Während dieses Verfahren bei der Mehrheit der Organe zu einem einzigen Sitz geführt hat, was die Arbeit des Organs deutlich erleichtert, konnten sich die Mitgliedstaaten bislang nicht auf einen einheitlichen Sitz des Europäischen Parlaments einigen. Mit einem Hauptsitz in Straßburg, einem Verwaltungssitz in Luxemburg und Ausschusssitzungen in Brüssel wird das Europäische Parlament als **Wanderzirkus** bezeichnet.

B. Zusammensetzung und Wahlen

I. Sitzverteilung und Legislaturperiode

Sitzverteilung nach dem Grundsatz degressiver Proportionalität

Nach Art. 14 Abs. 2 S. 1 EUV vertritt das Europäische Parlament alle Unionsbürgerinnen und Unionsbürger und ist deshalb grundsätzlich mit den nationalen **Parlamenten** wie z.B. dem deutschen Bundestag vergleichbar. Die Vertretung übernehmen insgesamt **750 Abgeordnete** sowie zusätzlich der **Präsident des Europäischen Parlamentes**, sodass das Parlament insgesamt über 751 Sitze verfügt. Diese müssen auf die Mitgliedstaaten aufgeteilt werden, wobei **jeder Mitgliedstaat mindestens 6, höchstens 96 Sitze** erhält, Art. 14 Abs. 2 UAbs. 1 EUV. Wie viele Sitze konkret durch Abgeordnete welchen Mitgliedstaates besetzt werden, hängt davon ab, wie groß dessen Bevölkerung ist. Aufgrund der Begrenzung der Minimal- und Maximalsitze pro Mitgliedstaat erfolgt die Zuteilung aber nicht proportional, da dies zu einer nicht mehr arbeitsfähigen Größe des Parlaments führen würde. Diese Sitzverteilung wird als **Grundsatz degressiver Proportionalität** bezeichnet (vgl. Art. 14 Abs. 2 UAbs. 1 S. 3 EUV), was bedeutet, dass die Anzahl der Abgeordneten pro Mitgliedstaat bei steigender Bevölkerungszahl „angemessen abfällt“. Wie viele Sitze konkret auf die jeweiligen Mitgliedstaaten entfallen, wird gemäß Art. 14 Abs. 2 UAbs. 2 EUV auf Initiative des Parlaments durch einen einstimmig abzufassenden Beschluss des Europäischen Rates festgelegt.

Beispiel: Luxemburg werden 6 Abgeordnete bei einer Bevölkerung von ca. 600.000 Einwohnern zugeteilt, was einem Abgeordneten pro 100.000 Einwohner entspricht. Würde sich die Anzahl der Abgeordneten pro Mitgliedstaat unverändert proportional erhöhen, stünden Deutschland bei einer Bevölkerung von ca. 82 Mio. Einwohnern 820 Abgeordnete zu. Deutschland als bevölkerungsreichstes Land in der EU stellt jedoch nur die zulässige Höchstzahl von 96 Abgeordneten, was einem Abgeordneten pro ca. 854.000 Einwohner entspricht.

Legislaturperiode

Die **Legislaturperiode** dauert nach Art. 14 Abs. 3 EUV **fünf Jahre**. Anders als bei den nationalen Parlamenten besteht für das Europäische Parlament **keine Auflösungsmöglichkeit**, es kann sich also weder selbst auflösen noch durch die Intervention anderer Organe aufgelöst werden.

In Deutschland besteht für den Bundestag zwar auch kein Selbstauflösungsrecht. Aber der Bundespräsident kann den Bundestag auf Vorschlag des Bundeskanzlers nach der Vertrauensfrage gemäß Art. 68 Abs. 1 S. 1 GG auflösen.

II. Wahlen zum Europäischen Parlament

1. Wahlrechtsgrundsätze

Wahlrechtsgrundsätze

Die auf die einzelnen Mitgliedstaaten entfallenden Abgeordneten werden nicht etwa durch die Regierungen der Mitgliedstaaten bestimmt, sondern nach Art. 14 Abs. 3 EUV in **allgemeiner, unmittelbarer, freier und geheimer Wahl** gewählt.

!

Hinweis: *Die Wahlrechtsgrundsätze entsprechen denen des Art. 38 Abs. 1 GG, die bei der Bundestagswahl zu beachten sind!*

Keine Gleichheit der Wahl

Lediglich die **Gleichheit der Wahl** wird bei der Europawahl nicht garantiert. Ein Minimum an Wahlrechtsgleichheit wird dadurch garantiert, dass jedem Unionsbürger bei der Wahl nur eine Stimme zusteht (**gleicher Zählwert**, vgl. § 1 Abs. 1 S. 3 EuWG). Dies wird durch den vom Parlament und dem Rat aufgrund des Art. 223 Abs. 1 AEUV geschaffenen Akt zur Einführung allgemeiner unmittelbarer Wahlen der Mitglieder des Europäischen Parlaments (DWA) garantiert. Nicht gewährleistet wird der **gleiche Erfolgswert** der Stimmen, dass also jede Stimme den gleichen Einfluss auf das Wahlergebnis hat. Dies kann europaweit nicht gewährleistet werden, da nicht aus jedem Mitgliedstaat dieselbe Anzahl an Abgeordneten entsandt wird (s.o., Grundsatz degressiver Proportionalität).

2. Wahlberechtigte

Europawahl als demokratischer Legitimationsakt

Nach Art. 14 Abs. 2 UAbs. 1 S. 1 EUV setzt sich das Europäische Parlament aus **Vertretern der Unionsbürgerinnen und Unionsbürger** zusammen. Dies hat zur Folge, dass das Parlament nicht von den Mitgliedstaaten, sondern unmittelbar von den Unionsbürgerinnen und Unionsbürgern legitimiert wird – ein weiterer Versuch, der EU eine demokratische Legitimation „von unten" zu verleihen, die von den Mitgliedstaaten unabhängig ist.

Aktives und passives Wahlrecht

Durch diese Anknüpfung kann sowohl das **aktive** wie auch das **passive Wahlrecht** ausschließlich Unionsbürgerinnen und Unionsbürgern zustehen. Nur für das passive Wahlrecht lässt sich dies unmittelbar aus den europäischen Verträgen, namentlich Art. 22 Abs. 2 AEUV schließen, der Unionsbürgern in den Mitgliedstaaten das Wahlrecht zubilligt, in denen sie ihren Wohnsitz haben. Im Übrigen ergeben sich die Einzelheiten der Europawahl aufgrund der

Ermächtigung in Art. 8 Abs. 1 DWA aus von den Mitgliedstaaten erlassenen **Europawahlgesetzen**, in Deutschland aus den §§ 6, 6b EuWG.

3. Wahlsystem

Verhältniswahl

Nach Art. 1 Abs. 1 DWA, § 1 Abs. 1 S. 1 EuWG werden die Mitglieder des Europäischen Parlaments nach dem **Verhältniswahlsystem** gewählt. Die in einem Mitgliedstaat zu besetzenden Sitze im Europäischen Parlament werden also nach dem Verhältnis verteilt, in dem Stimmen auf einzelne von den Kandidaten bzw. deren Parteien aufgestellten Listen entfallen.

Die Europawahl erfolgt als reine Verhältniswahl und nicht als personalisierte Verhältniswahl, wie es bei der Wahl zum Deutschen Bundestag der Fall ist. Jedem Wahlberechtigten steht deshalb nur eine Stimme zu, die er zugunsten einer der vor der Wahl aufgestellten Listen abgibt.

Sperrklausel

Ähnlich der Bundestagswahl hatte der deutsche Gesetzgeber für die Europawahl eine **Sperrklausel** eingeführt. Nach § 2 Abs. 7 EuWG sollten bei der Verteilung der Sitze nur solche Wahlvorschläge – also Listen – berücksichtigt werden, die mindestens 3% der im Wahlgebiet abgegebenen gültigen Stimmen erhalten haben. Hierin sah das BVerfG jedoch einen Verstoß gegen die **Chancengleichheit der Parteien** aus Art. 21 Abs. 1 i.V.m. Art. 3 Abs. 1 GG, der auch bei der Europawahl gewährleistet werden müsse und erklärte die Einschränkung deshalb als verfassungswidrig und nichtig. Die Europawahl ist deshalb ohne Sperrklausel möglich.

Die Gründe, die von der h.M. zur Rechtfertigung der 5%-Sperrklausel aus § 6 Abs. 3 S. 1 BWahlG für die Bundestagswahl herangezogen werden, lassen sich auf die Europawahl nicht übertragen: Der Zersplitterung des Parlaments muss vor dem Hintergrund, dass Abgeordnete aus 28 Mitgliedstaaten entsandt werden, nicht entgegengewirkt werden. Stabile Mehrheitsverhältnisse für eine Regierungsbildung sind nicht erforderlich, da das Europäische Parlament keine Unionsregierung wählt.

III. Demokratiedefizit

Demokratiedefizit der EU

Die degressiv proportionale Verteilung der Sitze auf die einzelnen Mitgliedstaaten sowie die fehlende vollumfängliche Wahlrechtsgleichheit führen dazu, dass der EU ein gewisses **Demokratiedefizit** attestiert wird. Beide Umstände führen zwar zu einer gewissen Abweichung von den sonstigen demokratischen Grundsätzen, wie sie in den Verfassungsüberlieferungen der Mitgliedstaaten enthalten sind. Die Abweichungen sind jedoch der Konstruktion der EU und ihrer Organe geschuldet und deshalb **systemimmanent**. Zudem handelt es sich – wie oben herausgearbeitet – bei der EU nicht um einen Staat im eigentlichen Sinne, sodass die Konstruktion der EU als Staatenverbund den grundlegenden Werten der Mitgliedstaaten und den Grundprinzipien ihrer Verfassungen nahe kommt, aber diesen eben nicht vollumfänglich entsprechen muss. Dies dürfte allein aufgrund der Masse an Verfassungen von derzeit 28 ohnehin schwerlich möglich sein.

C. Aufgaben

Europäisches Parlament als zentraler Entscheidungsträger innerhalb der EU

Das Europäische Parlament hat sich in vielen kleinen Schritten von seiner ursprünglichen Konzeption als Beratungsgremium hin zu einem der **zentralen Entscheidungsträger** innerhalb der EU entwickelt. Allerdings bleibt es in einigen Teilen weiterhin hinter den Kompetenzen zurück, die einem nationalen Parlament zustehen.

- **Gesetzgeber:** Das Europäische Parlament wird gemeinsam mit dem Rat als **Gesetzgeber** tätig, insbesondere im ordentlichen Gesetzgebungsverfahren nach Art. 289, 294 AEUV. Es verfügt dabei jedoch über **kein eigenes Initiativrecht**, dieses steht allein der Kommission zu. Allerdings kann das Parlament die Kommission nach Art. 225 AEUV zu Initiativen auffordern und verfügt somit über ein indirektes Initiativrecht.
- **Haushalt:** Zusammen mit dem Rat fungiert das Europäische Parlament als **Haushaltsbehörde** der Union, da beide zusammen die Ausgaben der Union festlegen, Art. 314 AEUV.
- **Kreationsfunktion:** Das Europäische Parlament ist dazu berufen, andere Organe oder Institutionen der EU zu wählen. Dazu gehören die Wahl des **Präsidenten des Europäischen Parlaments** (Art. 14 Abs. 4 EUV) sowie des **Präsidenten der Kommission** (Art. 14 Abs. 1 S. 3 i.V.m. Art. 17 Abs. 7 UAbs. 1 S. 2 EUV).
- **Kontrollfunktion:** Die Konstruktion der EU als parlamentarische Demokratie kommt ferner dadurch zum Ausdruck, dass das Europäische Parlament die Kontrolle über andere Organe der EU ausübt. So kann es beispielsweise gemäß Art. 234 AEUV durch einen **Misstrauensantrag** die Kommission ablösen oder nach Art. 226 AEUV **Untersuchungsausschüsse** einsetzen.

D. Beschlussfassung

Grundsatz: Mehrheit der abgegebenen Stimmen

Seinen Aufgaben kommt das Europäische Parlament durch die Abfassung von Beschlüssen nach. Dabei entscheidet nach Art. 232 AEUV grundsätzlich die **Mehrheit der abgegebenen Stimmen**.

Die Stimmabgabe der Abgeordneten erfolgt bei der Beschlussfassung einzeln und persönlich. Die Abgeordneten haben ein **freies Mandat**, sind also weder an Aufträge noch an Weisungen gebunden, Art. 6 Abs. 1 DWA.

Bei besonders gewichtigen Entscheidungen wie z.B. dem Misstrauensantrag gegen die Kommission sind **qualifizierte Mehrheiten** im AEUV vorgesehen (Art. 234 Abs. 2 S. 1 AEUV: Mehrheit der Mitglieder).

3. Abschnitt: Der Europäische Rat

Steckbrief: Europäischer Rat
■ **Sitz:** Brüssel
■ **Zusammensetzung:** jeweils ein Staats- oder Regierungschef der Mitgliedstaaten zzgl. Präsident des Europäischen Rates und Präsident der Kommission
■ **Aufgaben:** Impulse und Festlegung der allgemeinen politischen Zielvorgaben und Prioritäten
■ **Beschlussfassung:** Konsensverfahren
■ **Vorschriften:** Art. 15 EUV, Art. 235 ff. AEUV

A. Weitere Bezeichnung und Verwechslungsgefahr

„EU-Gipfel"

Leider werden die Bezeichnungen der europäischen Organe nicht immer korrekt in der Presse und deren Berichterstattung wiedergegeben. Prominentestes „Opfer" dieser Falschbezeichnungen ist der Europäische Rat, der stets als **„EU-Gipfel"** bezeichnet wird.

Verwechslungsgefahr zwischen Europäischem Rat und Rat

Aufgrund der Bezeichnungen in den Verträgen besteht zudem eine weitere **Verwechslungsgefahr**: diese kennen den **Europäischen Rat** (Art. 15 EUV) und den **Rat** (Art. 16 EUV). Entgegen der ersten Vermutung stellt Letzterer keine verkürzte Schreibweise des Ersteren dar, sondern ist ein eigenständiges Organ der EU. **Eselsbrücke** für die Unterscheidung: Die längere/größere Bezeichnung „Europäischer Rat" steht für die wichtigeren Repräsentanten, nämlich die Staats- und Regierungschefs. Der Rat ist hingegen „nur" mit den Fachministern besetzt (wird deshalb auch als „Ministerrat" bezeichnet).

B. Zusammensetzung

Zusammensetzung des Europäischen Rates

Der Europäische Rat setzt sich nach Art. 15 Abs. 2 S. 1 EUV aus den **Staats- oder Regierungschefs** der Mitgliedstaaten sowie dem

Präsidenten des Europäischen Rates und dem **Präsidenten der Kommission** zusammen; es besteht also eine **Mitgliedschaft qua Amt**. Zusätzlich hat der **Hohe Vertreter für die gemeinsame Außen- und Sicherheitspolitik** ein Teilnahme-, aber kein Stimmrecht (Art. 15 Abs. 2 S. 2 EUV), sodass er nicht als vollwertiges Mitglied des Europäischen Rates angesehen werden kann.

!

Hinweis: *Der Wortlaut des Art. 15 Abs. 2 S. 1 EUV ist missverständlich. Die Mitgliedstaaten werden nicht durch die Staats-* ***und*** *Regierungschefs – also durch jeweils zwei Personen, soweit unterschiedlich – vertreten, sondern durch den Staats-* ***oder*** *Regierungschef!*

C. Aufgaben

Europäischer Rat als politisches Leitungsgremium der EU

Es obliegt dem Europäischen Rat – wie auch schon durch seine Besetzung mit den Entscheidungsträgern aus den Mitgliedstaaten belegt – der EU die für ihre Entwicklung erforderlichen **Impulse** zu geben. Er legt hierfür die nötigen **allgemeinen politischen Zielvorstellungen und Prioritäten** fest, bestimmt also die großen Zusammenhänge der Politik der EU.

Diese Aufgabe entspricht der Richtlinienkompetenz des Bundeskanzlers aus Art. 65 S. 1 GG.

Weitere Aufgaben des Europäischen Rates

Die vom Europäischen Rat in ihren Sitzungen, die zweimal pro Halbjahr stattfinden (Art. 15 Abs. 3 S. 1 EUV), festgelegten Grundsätze müssen sodann vom Rat in rechtsverbindliche Akte umgesetzt werden. Dies erfolgt zumeist über Anweisungen an die Kommission nach Art. 241 AEUV, von ihrem Initiativrecht im Gesetzgebungsverfahren (dazu ausführlich noch unten S. 73 ff.) Gebrauch zu machen. Daneben sind dem Europäischen Rat noch weitere Aufgaben überantwortet:

- **Gesetzgebung:** Der Europäische Rat kann nach Art. 48 Abs. 6, Abs. 7 EUV über **Änderungen der Verträge** im vereinfachten Verfahren beschließen. An der Rechtsetzung in Bezug auf das europäische Sekundärrecht nimmt der Europäische Rat hingegen nicht teil, Art. 15 Abs. 1 S. 2 EUV.

- **Kreationsbefugnis:** Der Präsident der Kommission wird vom Europäischen Rat nominiert, aber nicht gewählt (Art. 17 Abs. 7 UAbs. 1 EUV). Unmittelbar durch den Europäischen Rat ernannt werden die Mitglieder des Direktoriums der Europäischen Zentralbank (Art. 283 Abs. 2 UAbs. 2 AEUV) sowie der Hohe Vertreter für die Außen- und Sicherheitspolitik (Art. 18 Abs. 1 EUV).

- **Außen- und Sicherheitspolitik:** Neben der politischen Grundausrichtung der EU bestimmt der Europäische Rat die **Außen- und Sicherheitspolitik** der EU (Art. 24 Abs. 1 UAbs. 2 S. 1 EUV) sowie die strategischen Interessen und Ziele der EU im auswärtigen Handeln (Art. 22 Abs. 1 EUV).
- **Politische Revisionsinstanz:** Als politische Revisionsinstanz und damit in einer Art **Vermittlungsfunktion** wird der Europäische Rat tätig, wenn ein Mitgliedstaat im Gesetzgebungsverfahren erklärt, dass durch ein Gesetzesvorhaben der EU wichtige Aspekte seines Systems der sozialen Sicherheit verletzt oder das finanzielle Gleichgewicht dieses Mitgliedstaates beeinträchtigt würde (Art. 48 Abs. 2, Art. 82 Abs. 3 AEUV).

D. Beschlussfassung

Konsensverfahren

Nach Art. 15 Abs. 4 EUV entscheidet der Europäische Rat im **Konsensverfahren.** Hierbei handelt es sich nicht um ein förmliches Abstimmungsverfahren, sondern um einen **politischen Willensbildungsprozess**, bei dem so lange verhandelt wird, bis kein Mitglied mehr Einwände erhebt. „Konsens" steht deshalb aber auch nicht unbedingt für „Einstimmigkeit": Ein Konsens im Sinne der Abstimmung im Europäischen Rat besteht schon dann, wenn sich der Vertreter eines Mitgliedstaates enthält; eine Zustimmung zu dem Vorhaben ist hingegen nicht erforderlich.

Stimmberechtigte

Bei der Beschlussfassung sind der Präsident des Europäischen Rates und der Präsident der Kommission **nicht stimmberechtigt**, Art. 235 Abs. 1 AEUV. Der Konsens muss folglich ausschließlich zwischen den Staats- und Regierungschefs der Mitgliedstaaten hergestellt werden.

E. Präsident des Europäischen Rates

Wahl des Präsidenten des Europäischen Rates

Gemäß Art. 15 Abs. 5 EUV wählt der Europäische Rat den **Präsidenten des Europäischen Rates** für eine Amtszeit von 2,5 Jahren. Eine einmalige Wiederwahl ist zulässig. Präsident des Europäischen Rates kann nur werden, wer kein politisches Amt in einem Mitgliedstaat ausübt, Art. 15 Abs. 6 UAbs. 3 EUV. Diese **Inkompatibilität** soll die politische Unabhängigkeit des Amtsträgers gewährleisten.

Aufgaben des Präsidenten des Europäischen Rates

Der Präsident des Europäischen Rates bereitet die Ratssitzungen vor, leitet diese als **Vorsitzender** und dokumentiert die Ergebnisse **(Leitungs- und Dokumentationsfunktion)**. Da er ohne mitgliedstaatliches Amt ist, kommt ihm zudem die Aufgabe zu, zwischen den Positionen der einzelnen Mitgliedstaaten zu **vermitteln (Integrations- und Vermittlungsfunktion)**. Obwohl mit dem Hohen Vertreter für die Außen- und Sicherheitspolitik eine eigene Institution geschaffen worden ist, welche die Vertretung der EU nach außen wahrnimmt, ist es auch Aufgabe des Präsidenten des Europäischen Rates, die EU auf seiner Ebene, also gegenüber Staats- und Regierungschefs, **nach außen** in den Angelegenheiten der Außen- und Sicherheitspolitik **zu vertreten (Vertretungsfunktion)**.

4. Abschnitt: Der Rat

Steckbrief: Rat
■ **Sitz:** Brüssel und Luxemburg
■ **Zusammensetzung:** Regierungsvertreter der Mitgliedstaaten auf Ministerebene
■ **Aufgaben:** Gesetzgebungsorgan (ohne Initiativrecht), Haushalt (zusammen mit Europäischem Parlament), Beschluss über Beitritte zur EU, Koordinierung der Wirtschaftspolitik
■ **Beschlussfassung:** qualifizierte Mehrheit (mindestens 15 Mitgliedstaaten mit mindestens 260 Stimmen)
■ **Vorschriften:** Art. 16 EUV, Art. 237 ff. AEUV

A. Zusammensetzung und Stellung der Mitglieder

I. Zusammensetzung als „Ministerrat"

Besetzung mit Fachministern als fachspezifische Entscheidungsträger

Nach Art. 16 Abs. 2 EUV besteht der Rat aus **Regierungsvertretern der Mitgliedstaaten auf Ministerebene**. Er wird aus diesem Grund auch **„Ministerrat"** genannt. Die Besetzung des Rates hängt eng mit seiner Aufgabe zusammen: Der Rat soll die Beschlüsse und Vorgaben, welche die Staats- und Regierungschefs im Europäischen Rat erarbeitet haben, in **fachspezifischer Weise** umsetzen. Zwar könnte diese Aufgabe auch hohen Fachbeamten übertragen werden. Dies würde jedoch die Aufgabenwahrnehmung durch den Rat erschweren, der am effektivsten arbeiten kann, wenn Personen mit der notwendigen **Entscheidungskompetenz** an den Sitzungen teilnehmen. Diese kommt nach den mitgliedstaatlichen Verfassungen dem jeweiligen Fachminister zu. Denn Minister im Sinne der Teilnahmeberechtigung am Rat ist ein parlamentarisch verantwortliches Mitglied einer Regierung, das für seinen eigenen Politikbereich Verantwortung trägt.

Aufgrund Unionsgewohnheitsrechts ist aber auch die Entsendung von Staatssekretären, die nicht als Regierungsmitglieder gelten (vgl. für Deutschland Art. 62 GG), zulässig.

Variierende Zusammensetzung des Rates je nach Sachgebiet

Der Rat tagt in wechselnden Zusammensetzungen, da je nach zu behandelndem Sachgebiet die jeweiligen Fachminister teilnehmen (vgl. Art. 16 Abs. 6 UAbs. 1 EUV). Um planen zu können, welcher Minister zu welcher Ratssitzung entsandt werden muss, wurden per Beschluss gestützt auf Art. 236 AEUV feste Sachgebietscluster festgelegt. Diese treten neben die in Art. 16 Abs. 6 UAbs. 2 und 3 EUV vorgesehenen „Allgemeinen Angelegenheiten" und „Auswärtigen Angelegenheiten". Neben diesen beiden Konstellationen tagt der Rat deshalb z.B. als Rat für Wirtschaft und Finanzen, Rat für Justiz und Inneres oder Rat für Umwelt.

II. Stellung der Regierungsvertreter im Rat

Mitgliedschaft qua Amt

Die Mitglieder des Rates werden nicht gewählt, sondern nehmen an den Ratssitzungen aufgrund ihrer Stellung in den mitgliedstaatlichen Regierungen teil. Es besteht also eine sog. **Mitgliedschaft qua Amt**. Da die Fachminister als Repräsentanten der Mitgliedstaaten teilnehmen, sind sie in dieser Funktion **weisungsgebunden** im Hinblick auf die Vorgaben des nationalen Regierungschefs. Sie üben demnach **kein freies Mandat** aus.

Diese Doppelstellung – Ratsmitglied und Fachminister – führt zu einer Kollision der bei der Aufgabenwahrnehmung zu beachtenden Rechtsvorschriften: Die Minister sind in ihrer Rolle als Ratsmitglieder an die Unionsrechtsordnung gebunden. Sie verlieren in dieser Rolle aber nicht die Bindung an die nationale Rechtsordnung, die sie als Fachminister zu beachten haben. Dies hat zur Folge, dass der deutsche Ratsvertreter jedenfalls solchen Rechtsakten nicht zustimmen darf, die gegen tragende Prinzipien der Verfassungsordnung verstoßen. Absolute Grenze ist der Rahmen des Art. 79 Abs. 3 GG.

III. Ratspräsidentschaft

Grundsatz: rotierende Ratspräsidentschaft

Die Europäischen Verträge sehen für den Rat kein festes Leitungsorgan vergleichbar dem Präsidenten des Europäischen Rates vor. Dies ist (auch) seiner ständig wechselnden Zusammensetzung geschuldet. Den Vorsitz des Rates – die sog. **Ratspräsidentschaft** – übernimmt jeweils ein Mitgliedstaat, der in den Sitzungen von dem jeweiligen Fachminister vertreten wird. Dabei gilt nach Art. 16 Abs. 9 EUV das **Prinzip der gleichberechtigten Rotation**, d.h. der Vorsitz wechselt in einer zuvor festgelegten Reihenfolge, bis alle Mitgliedstaaten die Ratspräsidentschaft innehatten. Erst dann beginnt die Rotation von vorn.

Ausnahme: Rat für Auswärtige Angelegenheiten

Eine **Ausnahme** gilt für den Rat in seiner Zusammensetzung als Rat für Auswärtigen Angelegenheiten. Dort bekleidet der Hohe Vertreter für die Außen- und Sicherheitspolitik gemäß Art. 18 Abs. 3 EUV das Amt des Vorsitzenden.

B. Aufgaben

Aufgaben des Rates

Die Funktion des Rates als fachspezifisches Umsetzungsorgan der Impulse des Europäischen Rates schlägt sich in folgenden einzelnen Aufgaben nieder:

- **Gesetzgeber:** Zusammen mit dem Europäischen Parlament ist der Rat nach Art. 16 Abs. 1 EUV Gesetzgeber der Union. Im ordentlichen Gesetzgebungsverfahren (Art. 289 ff. AEUV, siehe dazu ausführlich S. 73 ff.) ist der Rat mit dem Europäischen Parlament gleichberechtigt, sodass die Vorschriften nur erlassen werden, wenn sich beide Organe mit ihnen einverstanden erklären. Über ein Initiativrecht verfügt der Rat jedoch nicht.
- **Beitrittsentscheider:** Der Rat beschließt – nach einer Zustimmung des Europäischen Parlaments – über den Beitritt von Mitgliedstaaten zur EU.
- **Haushaltsorgan:** Der Rat stellt nach Art. 314 AEUV gemeinsam mit dem Europäischen Parlament den Haushalt der Union auf.
- **Koordinierung:** Eines der Hauptziele der EU, die Schaffung und Erhaltung eines gemeinsamen Binnenmarktes, lässt sich nur erreichen, wenn die Wirtschaftspolitik der einzelnen Mitgliedstaaten koordiniert wird (vgl. Art. 121 AEUV). Dies übernimmt der Rat in seiner Zusammensetzung als Rat für Wirtschaft und Finanzen. In seiner Zusammensetzung als Rat für Auswärtige Angelegenheiten koordiniert der Rat außenpolitische Fragen. Darüber hinaus ist er in dieser Zusammensetzung zuständig für den Abschluss von Abkommen mit Drittländern (Art. 218 AEUV) und den Erlass restriktiver Maßnahmen, wie z.B. Wirtschaftsembargos (Art. 215 AEUV).

C. Beschlussfassung

Unterschiedliche Mehrheitserfordernisse je nach Beschlussinhalt

Beschlüsse des Rates können mit einfacher oder qualifizierter Mehrheit oder einstimmig gefasst werden. Welches Mehrheitserfordernis eingreift, hängt vom Inhalt des zu fassenden Beschlusses ab.

I. Qualifizierte Mehrheit

Regelfall: Mehrheit hinsichtlich Mitgliedstaaten und repräsentierter Unionsbevölkerung erforderlich

Im Regelfall erfordert die Beschlussfassung eine **qualifizierte Mehrheit**. Diese ist überall dort erforderlich, wo die Verträge keine abweichende Regelung zugunsten einer einfachen Stimmenmehrheit oder der Einstimmigkeit treffen. Dabei wird ein **System der doppelten Mehrheit** verfolgt: Damit ein Beschluss angenommen wird, muss einerseits die **Mehrheit von mindestens 55% der Mitgliedstaaten** – also 15 – für den Beschluss votieren. Er wird gleichwohl nur dann angenommen, wenn die für ihn stimmenden Mitgliedstaaten zugleich **65% der Gesamtbevölkerung der Union** vertreten, Art. 16 Abs. 4 UAbs. 1 EUV.

Sperrminorität

Stimmen vier Ratsmitglieder gegen einen Beschluss, können sie diesen – unabhängig von der repräsentierten Bevölkerung – als sog. **Sperrminorität** gemäß Art. 16 Abs. 4 UAbs. 2 EUV verhindern.

Für den Fall, dass der Rat nicht auf Vorschlag der Kommission oder des Hohen Vertreters für Außen- und Sicherheitspolitik beschließt, ist die qualifizierte Mehrheit nach Art. 238 Abs. 2 AEUV nur erfüllt, wenn eine Mehrheit von mindestens 72% der Mitgliedstaaten für den Beschluss stimmt und dabei mindestens 65% der Unionsbevölkerung repräsentiert. Sind bei der Abstimmung nicht alle Mitglieder stimmberechtigt, ist die Sperrminorität nach Art. 238 Abs. 3 lit. b AEUV bereits erreicht, wenn Staaten, die 35% der Unionsbevölkerung repräsentieren, zzgl. eines weiteren Ratsmitglieds gegen den Beschluss stimmen. Die Übergangsregeln, mit denen zuvor einzelnen Mitgliedstaaten bestimmte Stimmanzahlen (je größer der Bevölkerungsanteil, je mehr Stimmen) zuerkannt waren, sind mit dem 31.03.2017 ausgelaufen.

II. Einfache Stimmenmehrheit

Selten: Abstimmung mit einfacher Stimmenmehrheit

Wenngleich selten, können einige Beschlüsse bereits durch einfache Stimmenmehrheit gefasst werden.

Beispiel: Aufforderung der Kommission zur Durchführung einer Untersuchung (Art. 241 AEUV)

Bei diesen Abstimmungen erhält jeder Mitgliedstaat nach Art. 238 Abs. 1 AEUV eine Stimme, sodass der Beschluss ergeht, wenn 15 Mitgliedstaaten für ihn stimmen.

III. Einstimmigkeit

Selten: einstimmige Beschlussfassung

Erfordern die Verträge ausnahmsweise eine **einstimmige** Beschlussfassung der Mitglieder des Rates, werden nach Art. 238 Abs. 4 AEUV Stimmenthaltungen nicht mitgezählt.

Beispiel: Beitritt neuer Mitgliedstaaten, Art. 49 Abs. 1 S. 3 EUV

5. Abschnitt: Die Kommission

Steckbrief: Kommission

- **Sitz:** Brüssel
- **Zusammensetzung:** Präsident, Hoher Vertreter der Außen- und Sicherheitspolitik, 26 weitere Kommissare
- **Aufgaben:** Exekutiv- und Verwaltungsfunktion, Initiativmonopol, Wächterfunktion, Außenvertretung
- **Beschlussfassung:** einfache Mehrheit
- **Vorschriften:** Art. 17 EUV, Art. 244 ff. AEUV

A. Zusammensetzung

I. Anzahl der Kommissare

Grundsätzlich 19 Mitglieder

Grundsätzlich soll die Kommission nach Art. 17 Abs. 5 EUV aus dem Präsidenten, dem Hohen Vertreter für Außen- und Sicherheitspolitik sowie einer weiteren Anzahl an Kommissaren bestehen, sodass die Gesamtzahl der Mitglieder zwei Dritteln der Zahl der Mitgliedstaaten entspricht. Insgesamt soll die Kommission bei dem derzeitigen Stand der Mitgliedstaaten **19 Mitglieder** haben. Um eine gleichmäßige Vertretung der Mitgliedstaaten zu gewährleisten, gilt bei der Besetzung der Kommissarposten das **Prinzip gleichberechtigter Rotation**. Jeweils ein Kommissar soll folglich aus einem Mitgliedstaat rekrutiert werden.

Aufgrund Beschlusses des Europäischen Rates weiterhin 28 Kommissare

Für die aktuelle Amtszeit der Kommission, die am 01.11.2014 begann und bis zum 31.10.2019 dauert (vgl. Art. 17 Abs. 3 EUV) hat der Europäische Rat von der Abweichungsmöglichkeit des Art. 17 Abs. 5 a.E. EUV Gebrauch gemacht. Die Kommission besteht deshalb, wie auch in den Amtszeiten zuvor (vgl. Art. 17 Abs. 4 EUV), aus insgesamt **28 Kommissaren**. Da jeder Kommissar die Staatsangehörigkeit jeweils eines Mitgliedstaates besitzt und diesen damit faktisch repräsentiert, muss vom Prinzip gleichberechtigter Rotation derzeit kein Gebrauch gemacht werden.

Eine „schlankere" Kommission sollte funktions- und handlungsfähiger sein und ihrer Arbeit mehr Effektivität verleihen. Durch den Beschluss des Europäischen Rates wurde die Verkleinerung der Kommission zunächst verhindert.

II. Wahl und Ernennung der Kommissare

1. Präsident

Ernennungsvoraussetzungen und Vorschlagsrecht

Die Besetzung der Kommission beginnt mit der **Wahl des Präsidenten**. Wählbar ist nur, wer die **Ernennungsvoraussetzungen** des Art. 17 Abs. 3 UAbs. 2 EUV erfüllt: Präsident der Kommission kann danach nur ein Staatsangehöriger eines Mitgliedstaates werden, der aufgrund seiner allgemeinen Befähigung und seines Einsatzes für Europa die volle Gewähr für seine Unabhängigkeit bietet. Die **Auswahl des Kandidaten** obliegt dem **Europäischen Rat**: Dieser schlägt nach Art. 17 Abs. 7 UAbs. 1 S. 1 EUV unter Berücksichtigung des Ergebnisses der Wahl zum Europäischen Parlament einen Kandidaten zur Wahl als Präsident der Kommission vor. Der Europäische Rat soll demnach bei seiner Auswahl auf solche Kandidaten zurückgreifen, die in politischer Hinsicht die Ansicht der Mehrheit der Abgeordneten des Parlamentes vertreten. Zwingend ist diese Vorgabe für den Europäischen Rat jedoch nicht. Zugleich wird dadurch die politische Verantwortlichkeit der Kommission gegenüber dem Parlament, wie sie in Art. 17 Abs. 8 S. 1 EUV festgeschrieben ist, verdeutlicht.

! **Die Wahl des Präsidenten der Kommission wird der Wahl des Regierungschefs in parlamentarischen Systemen angenähert!**

Dies zeigt sich nicht nur in der Orientierung an der parlamentarischen Mehrheit, sondern auch an dem Ablauf der Besetzung der Kommission: In Deutschland wird nach Art. 62 Abs. 1, Abs. 2 S. 1 GG zunächst der Bundeskanzler auf Vorschlag des Bundespräsidenten gewählt, erst danach erfolgt die Ernennung der einzelnen Bundesminister.

Wahl des Präsidenten der Kommission

Über den Vorschlag des Europäischen Rates befindet das **Europäische Parlament**, es wählt somit den Kommissionspräsidenten. Gewählt ist der vorgeschlagene Kandidat nach Art. 17 Abs. 7 UAbs. 1 S. 2 EUV, wenn die Mehrheit der Parlamentsmitglieder für den Kandidaten stimmt (absolute Mehrheit). Sollte der vorgeschlagene Kandidat nicht gewählt werden, muss der Europäische Rat erneut sein Vorschlagsrecht ausüben (vgl. Art. 17 Abs. 7 UAbs. 1 S. 3 EUV) und die Wahlprozedur beginnt von vorn. Dieser Ablauf wird solange wiederholt, bis ein Kommissionspräsident gewählt ist.

2. Hoher Vertreter für Außen- und Sicherheitspolitik

Ernennung des Hohen Vertreters für Außen- und Sicherheitspolitik

Der Hohe Vertreter für Außen- und Sicherheitspolitik wird nach Art. 18 Abs. 1 S. 1 EUV vom **Europäischen Rat** mit Zustimmung des Kommissionspräsidenten ernannt. Die für die Wahl erforderliche **qualifizierte Mehrheit** liegt vor, wenn 55% der Mitglieder des Europäischen Rates, die zugleich 65% der Bevölkerung der Union repräsentieren, für einen Kandidaten stimmen (vgl. Art. 16 Abs. 4 UAbs. 1 EUV).

Keine besonderen Ernennungsvoraussetzungen

Besondere **Ernennungsvoraussetzungen** sind für den Hohen Vertreter nicht geregelt, insbesondere muss er – was erstaunt – keine außenpolitischen Qualifikationen mitbringen. Dies verwundert insofern, als dass die Verträge bei besonderen Posten durchaus besondere Ernennungsvoraussetzungen vorsehen, z.B. bei der Besetzung der Institutionen der Europäischen Zentralbank (siehe dazu unten S. 54). Der Hohe Vertreter muss deshalb „nur" dieselben Voraussetzungen nach Art. 17 Abs. 3 UAbs. 2 EUV erfüllen wie der Kommissionspräsident und die übrigen Kommissare.

3. Sonstige Kommissare

Vorschläge der Mitgliedstaaten im Rat für Allgemeine Angelegenheiten

Für die Besetzung der übrigen Kommissarsposten steht den **Mitgliedstaaten** das Recht zu, jeweils einen Kandidaten vorzuschlagen, Art. 17 Abs. 7 UAbs. 2 EUV. Ausgenommen sind dabei die Mitgliedstaaten, deren Staatsangehörige die Posten des Präsidenten und des Hohen Vertreters für Außen- und Sicherheitspolitik besetzen. Formal erfolgen die Vorschläge im **Rat**, der insoweit als Rat für Allgemeine Angelegenheiten mit den Außenministern der Mitgliedstaaten tagt.

Ernennungsvoraussetzungen

Vorgeschlagen – und später auch gewählt – werden kann nur, wer die allgemeinen **Ernennungsvoraussetzungen** des Art. 17 Abs. 3 UAbs. 2 EUV erfüllt. Insoweit gilt für die Kommissare nichts anderes als für den Präsidenten und den Hohen Vertreter für Außen- und Sicherheitspolitik (s.o.).

Einvernehmen des Präsidenten der Kommission

Die Liste mit den vorgeschlagenen zukünftigen Kommissaren geht dann dem **Präsidenten der Kommission** zu, der sein **Einvernehmen** mit den Vorschlägen erklären muss. Ihm kommt somit faktisch ein **Vetorecht** gegen einzelne Kandidaten zu, das er ausüben kann, wenn er glaubt, dass diese beispielsweise die Voraussetzungen in fachlicher Hinsicht nicht erfüllen. Praktisch wird von diesem Vetorecht kaum Gebrauch gemacht, sondern zuvor eine Lösung im Rahmen informeller Gespräche gesucht.

Zustimmung des Europäischen Parlaments

Das endgültige **Wahlrecht** obliegt dem **Europäischen Parlament**, das der Liste der Vorgeschlagenen seine **Zustimmung** erteilen muss, Art. 17 Abs. 7 UAbs. 3 S. 1 EUV. Dieser Zustimmung geht in der Regel eine Befragung des jeweiligen Kandidaten im Parlament voraus. Hierbei wird dem Parlament auch mitgeteilt, für welches Sachgebiet der jeweilige Kandidat vorgesehen ist, welche Aufgaben er also in der Kommissionsarbeit wahrnehme soll. Kommt das Parlament dabei zu der Auffassung, einzelne Kommissare in spe seien für die ihnen zugedachten Aufgaben ungeeignet, sind die Möglichkeiten eingeschränkt: Das Parlament hat nicht das Recht, einzelne Kandidaten abzulehnen. Hält es Kandidaten für ungeeignet, kann es deshalb nur seine Zustimmung insgesamt verweigern; die Kommission kann ihre Arbeit dann zunächst nicht aufnehmen. Vielmehr sind die von der Ablehnung des Parlaments betroffenen Kommissarposten neu zu besetzen und das Parlament erneut um seine Zustimmung zu ersuchen.

Ernennung des Europäischen Rates

Nach erteilter Zustimmung erfolgt die **Ernennung der Kommission** durch den **Europäischen Rat** mit qualifizierter Mehrheit. Somit sind an der Besetzung der Kommission beinahe alle europäischen Organe beteiligt.

III. Status der Kommissare

Unabhängigkeit der Kommission

Die Kommission kann nur dann als **Hüterin und Förderin der Unionsinteressen** auftreten und die sich daraus ergebenden Aufgaben ordnungsgemäß erfüllen, wenn sie dabei **objektiv und unparteiisch** vorgeht und sich insbesondere nicht von den Interessen einzelner Mitgliedstaaten leiten lässt. Deshalb schreibt Art. 17 Abs. 3 UAbs. 3 S. 1 EUV fest, dass die Kommission als Organ ihre Aufgaben **unabhängig** erfüllen kann und muss.

Unabhängigkeit der Kommissare

Damit die Unabhängigkeit tatsächlich sichergestellt ist, erweitert Art. 17 Abs. 3 UAbs. 3 S. 2 EUV diese auf die **Organwalter**, also die Kommissare selbst: Die Mitglieder erhalten danach ein **freies und unabhängiges Mandat**, sind insbesondere nicht von den Weisungen anderer EU-Organe oder ihrer Mitgliedstaaten abhängig. Die Unabhängigkeit wird dadurch verstärkt, dass es ihnen nach Art. 245 Abs. 2 S. 1 AEUV verboten ist, neben der Tätigkeit als Kommissar einer anderweitigen Beschäftigung nachzugehen (sog. **Verbot der parallelen Beschäftigung**).

!

Zwar wird pro Mitgliedstaat ein Kommissar ernannt, er fungiert aber nicht als Vertreter des jeweiligen Staates!

Aus dem Umstand, dass jeder Kommissar über die Staatsangehörigkeit eines Mitgliedstaates verfügt und somit alle Mitgliedstaaten gleichmäßig in der Kommission repräsentiert werden, darf nichts anderes geschlossen werden. Durch eine paritätische Besetzung der Kommission soll vielmehr von vornherein dem Eindruck entgegengewirkt werden, die Interessen eines bestimmten Mitgliedstaates würden durch die Besetzung mehrerer Kommissarposten mit seinen Staatsangehörigen verstärkt berücksichtigt.

Sollte ein Kommissar sich den Weisungen eines Staates unterwerfen oder einer parallelen Beschäftigung nachgehen, kann dies mit einer **Amtsenthebung** nach Art. 247 AEUV sanktioniert werden.

Amtsenthebung bei Verstoß

IV. Amtszeit der Kommission

1. Dauer und Wiederwahlmöglichkeit

Amtszeit und Wiederwahl

Die Kommission wird nach Art. 17 Abs. 3 UAbs. 1 EUV für eine **Amtszeit** von **fünf Jahren** ernannt. Der EUV trifft keine Regelung über eine mögliche **Wiederwahl** der gesamten Kommission, ihres Präsidenten oder einzelner Kommissare. Was nicht geregelt ist, muss aber nicht verboten sein: Aus dem Umstand, dass eine Wiederwahl nicht ausdrücklich verboten ist, wird einhellig abgeleitet, dass sowohl der Präsident als auch die einzelnen Kommissare für eine weitere Amtszeit gewählt werden können. Die Anzahl der Wiederwahlen ist nicht beschränkt.

2. Vorzeitiges Ende der Amtszeit

Vorzeitiges Ende der Amtszeit möglich

Die Verträge sehen aber auch unterschiedliche Möglichkeiten vor, in denen die Amtszeit vor Ablauf der fünf Jahre enden kann. Dabei unterscheiden die Regelungen ein vorläufiges Ende der Amtszeit einzelner Kommissare und das vorzeitige Ende der Kommission als Kollegialorgan und damit als Ganzes.

a) Vorzeitiges Ausscheiden von Kommissaren

Vorzeitiges Ausscheiden einzelner Kommissare

Einzelne Kommissare scheiden in folgenden Fällen vor Ablauf ihrer Amtszeit aus der Kommission aus, während die Kommission im Übrigen im Amt bleibt:

- durch **Tod** (Art. 246 Abs. 1 AEUV),
- durch freiwilligen **Rücktritt** (Art. 246 Abs. 1 AEUV),
- durch **Abberufung des Kommissionspräsidenten** (Art. 17 Abs. 6 UAbs. 2 S. 1 EUV) oder
- durch **Amtsenthebung** durch den Gerichtshof auf Antrag des Rates oder der Kommission (Art. 246 Abs. 1 i.V.m. Art. 247 AEUV).

Nachbesetzung der freigewordenen Kommissarposten

In all diesen Fällen bleibt die **Kommission im Übrigen unverändert** im Amt. Lediglich das frei gewordene Amt muss **neu besetzt** werden. Für das Verfahren trifft Art. 246 Abs. 2 AEUV eine Sonderregelung: Der Rat ernennt mit Zustimmung des Kommissionspräsidenten nach Anhörung des Europäischen Parlaments einen neuen Kommissar, der die Ernennungsvoraussetzungen erfüllt und dieselbe Staatsangehörigkeit hat, über die auch der vorzeitig ausgeschiedene Kommissar verfügte. Die Ernennung erfolgt nicht für fünf Jahre, sondern für den Rest der Amtszeit der Kommission.

Vakanz bei nur kurzer verbleibender Amtszeit der Kommission

Für den Fall, dass die Kommission zum Zeitpunkt des Ausscheidens **nur noch kurze Zeit im Amt** sein wird, ist die Nachnominierung nicht zwingend. Vielmehr kann der Rat auf Vorschlag des Kommissionspräsidenten beschließen, dass der jeweilige Posten bis zum Ende der Amtszeit der Kommission vakant bleibt (Art. 246 Abs. 3 AEUV). Hierfür ist ein einstimmiger Beschluss des Rates nötig.

Nachfolge des Präsidenten

Auch die Amtszeit des **Präsidenten** der Kommission kann durch Rücktritt, Amtsenthebung oder Tod vorzeitig enden. Die Kommission im Übrigen bleibt jedoch im Amt, für die verbleibende Amtszeit der Kommission wird nach Art. 246 Abs. 4 AEUV ein Nachfolger ernannt. Dabei findet dasselbe Verfahren Anwendung, das auch für die erstmalige Wahl des Kommissionspräsidenten gilt.

Nachfolge des Hohen Vertreters für Außen- und Sicherheitspolitik

Gleiches gilt für ein vorzeitiges Ausscheiden des Hohen Vertreters für Außen- und Sicherheitspolitik, vgl. Art. 246 Abs. 5 AEUV. Für ihn findet das ursprüngliche Ernennungsverfahren nach Art. 18 Abs. 1 EUV Anwendung.

b) Vorzeitiges Ende der Kommission

Vorzeitiges Ende der Amtszeit der Kommission als Kollegialorgan

Die Amtszeit der Kommission als Kollegialorgan kann ebenfalls vorzeitig enden. Dies ist der Fall, wenn

- alle Kommissare inklusive des Präsidenten und des Hohen Vertreters für Außen- und Sicherheitspolitik geschlossen **zurücktreten** (Art. 246 Abs. 6 AEUV) oder
- das Europäische Parlament der Kommission ihr **Misstrauen ausspricht** (Art. 234 AEUV).

Anders als in Art. 67 Abs. 1 S. 1 GG ist das Misstrauensvotum auf europäischer Ebene nicht als konstruktives Misstrauensvotum ausgestaltet, d.h. das Misstrauen wird nicht durch Wahl einer neuen Kommission bzw. eines neuen Kommissionspräsidenten ausgesprochen. Ein solches Vorgehen ist nicht möglich, da das Europäische Parlament die Kommission oder auch den Kommissionspräsidenten nicht im „Alleingang" wählen kann, sondern andere Organe beteiligt sind (s.o.). Um deren Beteiligung sicherzustellen, wird die Kommission nur abgewählt. Daran schließt sich das „normale" Wahlverfahren für die Kommission wieder an.

Kommissarische Amtsführung

In beiden Fällen bleiben die bisherigen Organwalter kommissarisch im Amt, bis eine neue Kommission gewählt worden ist.

B. Aufgaben

I. Präsident

Politisch-operationelle Führungsrolle des Präsidenten

Der Präsident nimmt eine **herausgehobene Stellung** innerhalb der Kommission ein – wie nicht zuletzt dadurch deutlich wird, dass die Besetzung der Kommission mit seiner Wahl beginnt und er in die Auswahl der übrigen Kommissare einbezogen ist. Ihm kommt eine **politisch-operationelle Führungsrolle** innerhalb der Kommission zu, die sich in den folgenden Aufgaben manifestiert:

1. Leitlinien der Kommissionsarbeit

Leitlinienkompetenz

Der Präsident bestimmt nach Art. 17 Abs. 6 UAbs. 1 lit. a EUV die **Leitlinien der Kommissionsarbeit**. Er ist dadurch berechtigt, die allgemeinen Ziele und Prioritäten für das Handeln der Kommission festzulegen, auf deren Grundlagen die Kommission ihre Strategieplanung sowie ihr Arbeitsprogramm aufnimmt. Abgeschwächt wird die Position nur durch das innerhalb der Kommission geltende **Kollegialitätsprinzip**: Nach Art. 250 Abs. 1 AEUV werden die Entscheidungen der Kommission mit der Mehrheit der Mitglieder getroffen; ein besonderes Stimmrecht des Präsidenten zur Durchsetzung seiner Leitlinien gibt es nicht.

Damit ist diese Kompetenz nur in Ansätzen mit der Richtlinienkompetenz des Bundeskanzlers aus Art. 65 S. 1 GG vergleichbar. Denn dieser kann den einzelnen Ministern verbindliche Vorgaben machen. Zudem sind diese Richtlinien identisch mit denen der Bundesrepublik; die Richtlinien des Kommissionspräsidenten gelten indes nur für die Kommission und nicht für die EU.

2. Interne Organisation

Organisationskompetenz

Zugleich obliegt es dem Präsidenten gemäß Art. 17 Abs. 6 UAbs. 1 lit. b EUV, die **interne Organisation der Kommission** zu bestimmen. Diese Aufgabe nimmt er insbesondere dadurch wahr, dass er den einzelnen Kommissaren die von ihnen auszufüllenden Zuständigkeitsbereiche zuweist, Art. 248 AEUV. Lediglich der Zuständigkeitsbereich des Hohen Vertreters für Außen- und Sicherheitspolitik unterliegt nicht der Disposition des Präsidenten, sondern ist bereits nach Art. 18 Abs. 4 EUV vorgeben.

3. Bestimmung der Vizepräsidenten

Kreationsbefugnis

Eine besondere Ausprägung der Organisationskompetenz schlägt sich in dem Recht des Präsidenten nieder, aus dem Kreis der Kommissare **Vizepräsidenten** zu bestimmen, Art. 17 Abs. 6 UAbs. 1 lit. c

EUV. Wie viele Vizepräsidenten der Präsident neben dem Hohen Vertreter für Außen- und Sicherheitspolitik bestimmt, der diese Position kraft der ausdrücklichen Regelung in Art. 18 Abs. 4 S. 1 EUV innehat, bleibt dem Präsidenten ebenso überlassen wie die Reihenfolge, innerhalb derer die Vizepräsidenten bei Verhinderung der jeweils anderen die Vertretung übernehmen.

4. Abberufungsrecht

Abberufungsbefugnis

Das schärfste Recht des Präsidenten ist das zur **Abberufung einzelner Kommissare**, Art. 17 Abs. 6 UAbs. 2 EUV. Hierunter verbirgt sich die für den Kommissar verbindliche Aufforderung des Präsidenten, das Amt in der Kommission niederzulegen, also vom Amt des Kommissars zurückzutreten. Die Abberufung wird deshalb auch als „erzwungener Rücktritt" bezeichnet. Das Recht zur Abberufung steht im Ermessen des Präsidenten und unterliegt **keinen Voraussetzungen**. Das so freigewordene Amt wird für den Rest der Amtszeit der Kommission neu besetzt oder bleibt vakant (siehe dazu oben S. 47 f.).

II. Hoher Vertreter für Außen- und Sicherheitspolitik

Sonderrolle des Hohen Vertreters innerhalb der Kommission

Der Hohe Vertreter für Außen- und Sicherheitspolitik nimmt eine **Sonderrolle** innerhalb der Kommission ein: Er ist der einzige Kommissar – neben dem Präsidenten – der über einen von den Verträgen fest zugewiesenen **Aufgabenbereich** verfügt und der qua Amt automatisch **Vizepräsident** der Kommission ist. Da er zugleich „normaler" Kommissar ist, spricht man von der **Doppelhutlösung**, vgl. Art. 18 Abs. 4 EUV.

Seine besondere Rolle ist der Abweichung vom Europäischen Verfassungsvertrag geschuldet: Nach den darin enthaltenen Regelungen sollte die EU über einen „richtigen" Außenminister verfügen, dessen Rolle der Hohe Vertreter nun mit deutlich geringeren Kompetenzen ausfüllen soll. Die etwas sperrige Amtsbezeichnung ist dabei dem Umstand geschuldet, dass ein „Außenminister" nur in den Regierungen echter Staaten vorkommt – was die EU nicht ist.

Aufgaben des Hohen Vertreters für Außen- und Sicherheitspolitik

Der Hohe Vertreter bestimmt – wie seine Bezeichnung bereits deutlich macht – die Außen- und Sicherheitspolitik der EU (Art. 18 Abs. 2 S. 1 EUV). Dieser Aufgabe kommt er nicht nur in der Kommission, sondern auch im Rat und im Europäischen Rat nach:

- Im **Rat** hat der Hohe Vertreter den **Ratsvorsitz** in der Zusammensetzung als Rat „Auswärtige Angelegenheiten" mit den Außenministern der Mitgliedstaaten inne, Art. 18 Abs. 3 EUV. Hier fungiert der Hohe Vertreter als eine Art „Verbindungsoffizier" zwischen Rat und Kommission, um ein einheitliches Auftreten der Union in der Außenpolitik sicherzustellen.

- Nach Art. 15 Abs. 2 S. 2 EUV nimmt der Hohe Vertreter auch an den Sitzungen des **Europäischen Rates** teil. Er verfügt dort zwar über kein Stimmrecht, fungiert aber als Impulsgeber der Außen- und Sicherheitspolitik. Hierzu kann er Vorschläge entwickeln und auch Abstimmungen einbringen, Art. 18 Abs. 2, 42 Abs. 2 EUV.

III. Kommission

Kommission als europäische Regierung?

Die Aufgaben der Kommission als Kollegialorgan ergeben sich – zumindest im Überblick – aus Art. 17 Abs. 1 EUV. Der Vergleich mit einer „Europäischen Regierung" verfängt dabei nicht ganz, dafür ist der Kompetenzkanon der Kommission nicht umfassend genug.

1. Exekutivfunktion

Kommission als Verwaltungsbehörde der EU

Noch am ehesten trägt der Vergleich mit einer Regierung auf der Ebene der **Exekutiv- und Verwaltungsfunktion** der Kommission nach Art. 17 Abs. 1 S. 5 EUV, die als Generalklausel durch spezielle Zuständigkeits- und Verfahrensvorschriften mit Leben gefüllt wird. Die Kommission agiert insbesondere in diesen Bereichen als **Verwaltungsbehörde der EU**:

Subventionskontrollbehörde

- Die Kommission ist für die Überwachung und Freigabe **staatlicher Subventionen** zuständig (Art. 107 ff. AEUV). Eine zentrale Steuerung ist erforderlich, da die einzelnen Staaten über gezielte Subventionen nationaler Unternehmen die Chancengleichheit im gemeinsamen Binnenmarkt beseitigen könnten.

  !

  Hieran haben die Mitgliedstaaten ein nicht unerhebliches Interesse, da größerer Erfolg nationaler Unternehmen auch höhere Steuereinnahmen für den jeweiligen Mitgliedstaat nach sich zieht, in dem die Unternehmen ihren Sitz haben!

Kartellbehörde

- Der Binnenmarkt wird durch die Kommission zudem dadurch abgesichert, dass sie als **Kartellbehörde** fungiert. Nach Art. 105 Abs. 1 S. 1 AEUV überwacht die Kommission die Einhaltung der in den Art. 101 ff. AEUV niedergelegten **Wettbewerbsregeln** für den Binnenmarkt. So soll verhindert werden, dass sich einzelne Unternehmen beispielsweise durch Preisabsprachen zu einem Kartell zusammenschließen und auf diese Weise den freien Handel im gemeinsamen Binnenmarkt negativ beeinflussen.

Haushaltsbehörde

- Nach Art. 317 Abs. 1 AEUV obliegt der Kommission zudem die eigenverantwortliche **Ausführung des Haushalts**.

Legislative Aufgaben

- Auch **legislative Aufgaben** kann die Kommission übernehmen, wenn ihr die eigentlich für die Gesetzgebung zuständigen Organe entsprechende Gesetzgebungsbefugnisse übertragen. Insofern spricht man von **delegierten Rechtsakten**, Art. 290 AEUV.

  Insoweit ist die Tätigkeit der Kommission mit der Tätigkeit der Bundesministerien in Deutschland vergleichbar. Diesen kann durch Gesetz das Recht übertragen werden, auf bestimmten Sachgebieten **Rechtsverordnungen** zu erlassen (vgl. Art. 80 Abs. 1 GG).

2. Initiativfunktion

Motor der Verträge über das Initiativmonopol

Die Initiativfunktion hat der Kommission den Beinamen **„Motor der Verträge"** eingetragen: Nur die Kommission kann die Gesetzgebung der EU einleiten, hat insofern das **Initiativmonopol**. Das heißt, dass europäisches Sekundärrecht von den zur Gesetzgebung befugten Organen nur erlassen werden kann, wenn die Kommission einen entsprechenden Vorschlag einbringt und somit das Gesetzgebungsverfahren einleitet.

Ausführlich zum Gesetzgebungsverfahren siehe unten S. 73 ff. Auch insoweit ist die Kommission mit der Bundesregierung vergleichbar: Diese hat gemäß Art. 76 Abs. 1 GG das Initiativrecht. Dort ist es aber nicht als Initiativmonopol ausgestaltet; vielmehr können Gesetzesvorlagen auch durch den Bundesrat oder aus der Mitte des Bundestages eingebracht werden.

3. Wächterfunktion

Hüterin des Unionsrechts

Weitere wesentliche Aufgabe der Kommission ist die **Überwachung der Einhaltung des Unionsrechts**. Bei dieser sog. **Wächterfunktion** ist die Kommission nicht auf die Überwachung der übrigen Organe der EU beschränkt, sondern hat auch die Einhaltung des EU-Rechts durch die Mitgliedstaaten zu kontrollieren. Sie fungiert demnach als **Hüterin des Unionsrechts**.

Für den Fall, dass ein Mitgliedstaat das Unionsrecht verletzt, kann die Kommission gegen diesen Staat ein **Vertragsverletzungsverfahren** nach Art. 258 AEUV einleiten. Die endgültige Entscheidung, ob ein Unionsrechtsverstoß vorliegt oder nicht, obliegt dann dem Gerichtshof. Zum Vertragsverletzungsverfahren ausführlich unten S. 123 ff.

4. Sonstige Aufgaben

Empfehlungen und Stellungnahmen

Neben dem Initiativmonopol hat die Kommission das Recht, **Empfehlungen und Stellungnahmen** abzugeben (vgl. Art. 288 Abs. 5

AEUV), um auf die Arbeit der übrigen Organe der EU einzuwirken. Sie ist dabei nicht auf bestimmte Sachthemen beschränkt, sondern hat Ermessen, ob und in welcher Art und Weise sie derartige Empfehlungen und Stellungnahmen abgibt.

Außenvertretung der EU

Darüber hinaus übernimmt die Kommission gemäß Art. 17 Abs. 1 S. 6 EUV die **Außenvertretung** der EU in allen Bereichen, die nicht zur Außen- und Sicherheitspolitik gehören, die dem Hohen Vertreter für Außen- und Sicherheitspolitik überantwortet ist. Insbesondere vertritt die Kommission die EU in internationalen Beziehungen, d.h. im Verhältnis zu Drittländern und internationalen Organisationen.

C. Beschlussfassung

Einfache Mehrheit der Mitglieder

Die Beschlüsse der Kommission werden nach Art. 250 Abs. 1 AEUV mit der **einfachen Mehrheit der Mitglieder** gefasst. Hintergrund für diese vollumfängliche Anwendung des **Kollegialitätsprinzips** ist die Regelung über die Verantwortlichkeit: Alle Mitglieder der Kommission sind für sämtliche Entscheidungen politisch gemeinsam verantwortlich (vgl. Art. 17 Abs. 8 S. 1 EUV), sodass die Entscheidungen vom Kollegium gemeinsam getroffen werden müssen.

Anwesenheitspflicht

Damit alle Kommissare ihrer (politischen) Verantwortung durch eine Teilnahme an der Abstimmung nachkommen, besteht bei den Sitzungen der Kommission für die Kommissare **Anwesenheitspflicht**.

Stimmengleichheit

Sollte es bei der Abstimmung dazu kommen, dass eine gleiche Anzahl an Kommissaren für einen Beschluss wie dagegen stimmt, also **Stimmengleichheit** eintreten, kommt dem Präsidenten **keine besondere Stimmgewalt** zu, seine Stimme gibt also nicht den Ausschlag. Vielmehr gilt der Beschluss dann als abgelehnt. Rein tatsächlich kommt es zu einer solchen „Kampfabstimmung" aber nicht, vielmehr werden die meisten Entscheidungen im Konsens aller Kommissare getroffen.

Abweichende Abstimmungsverfahren außerhalb der Präsenzveranstaltungen ebenso wie die Beschlussfähigkeit der Kommission werden in der Geschäftsordnung der Kommission geregelt (vgl. Art. 250 Abs. 2 AEUV). Nähere Kenntnisse dieser Geschäftsordnung werden von Ihnen in den Semesterabschlussklausuren allerdings in der Regel nicht erwartet.

Keine Übertragung der Entscheidungskompetenz

Das Kollegialitätsprinzip macht es ferner unmöglich, dass die Kommission die Entscheidungskompetenz in einzelnen Sachfragen auf einzelne Kommissare oder sogar auf nachgeordnete Stellen überträgt.

6. Abschnitt: Europäische Zentralbank (EZB)

Steckbrief: Europäische Zentralbank

- **Sitz:** Frankfurt a.M.
- **Zusammensetzung:** Rat der Europäischen Zentralbank, Direktorium
- **Aufgaben:** Koordinierung der Geldpolitiken der Mitgliedstaaten, Überwachung des Europäischen Währungssystems
- **Vorschriften:** Art. 282 ff. AEUV

A. Besonderheiten in der Konstruktion

Besonderheiten bzgl. Regelung und Konstruktion der EZB

In zweierlei Hinsicht weichen die Verträge bei den Regelungen über die Europäische Zentralbank von den sonstigen Organen ab:

- Obwohl in Art. 13 Abs. 1 UAbs. 2 EUV als Organ der EU eingeführt, erfährt die Europäische Zentralbank ihre Regelung nicht in den Art. 14 ff. EUV, sondern „nur" in den Art. 282 ff. AEUV.
- Zudem besitzt die Europäische Zentralbank nach Art. 282 Abs. 3 S. 1 AEUV **eigene Rechtspersönlichkeit**. Dies hat zur Folge, dass die Handlungen der Organe und Institutionen der Europäischen Zentralbank nicht der EU, sondern der Europäischen Zentralbank zugerechnet werden.

  Deshalb haftet auch die Europäische Zentralbank selbst bei einem eventuellen Fehlverhalten ihrer Bediensteten (vgl. Art. 340 AEUV).

B. Zusammensetzung

I. Direktorium

Zusammensetzung des Direktoriums

Das Direktorium besteht gemäß Art. 283 Abs. 2 UAbs. 1 AEUV aus dem **Präsidenten** und dem **Vizepräsidenten** der Europäischen Zentralbank sowie **vier weiteren Direktoren**. Die Posten werden auf Vorschlag des Rates durch den Europäischen Rat besetzt. Vor der Ernennung müssen der Rat der Europäischen Zentralbank (dazu sogleich) und das Europäische Parlament zur Auswahl der Kandidaten für die Posten angehört werden.

Ernennungsvoraussetzungen

Ausgewählt und ernannt werden können nur Personen, welche die besonderen **Ernennungsvoraussetzungen** nach Art. 283 Abs. 2 UAbs. 2, Abs. 4 AEUV erfüllen. Hierbei tragen die Verträge dem Umstand Rechnung, dass es sich um besondere Posten handelt, die besondere Qualifikationen erfordern: In das Direktorium dürfen nur solche Personen berufen werden, die über die Staatsangehörigkeit eines Mitgliedstaates verfügen und **zum Kreis der in Währungs- oder Bankfragen anerkannten und erfahrenen Persönlichkeiten** gehören.

Allerdings wird dem Rat und dem Europäischen Rat bei der Besetzung ein weiter Beurteilungsspielraum zuerkannt, der nicht justiziabel ist. Ob eine Person zu dem o.g. Personenkreis gehört oder nicht, bestimmen folglich Rat und Europäischer Rat im Rahmen der Besetzungsentscheidung.

II. Rat der Europäischen Zentralbank

Rat der EZB als Koordinierungsorgan

Der Rat der Europäischen Zentralbank dient der Koordinierung der Tätigkeit mit den Mitgliedstaaten, was bereits durch die Besetzung deutlich wird: Ihm gehören nicht nur die **Mitglieder des Direktoriums der Europäischen Zentralbank** an, sondern auch die **Präsidenten der nationalen Zentralbanken** derjenigen Mitgliedstaaten, die den Euro als Währung eingeführt haben (Art. 283 Abs. 1 AEUV). Insoweit besteht eine Mitgliedschaft qua Amt, eine gesonderte Wahl findet also nicht statt.

C. Aufgaben

Aufgabe der EZB in der Geldpolitik der EU

Die Europäische Zentralbank sorgt dafür, dass die nationalen Zentralbanken der Mitgliedstaaten ihre **Geldpolitiken** miteinander **koordinieren**. Auf diese Weise wacht die Europäische Zentralbank zugleich über das **Funktionieren des europäischen Währungssystems** (Art. 127 ff. AEUV, Art. 282 Abs. 3 S. 2 AEUV). Als Ausfluss dieser Stellung im Rahmen der Geldpolitik kommt es ihr außerdem zu, die **Preisstabilität** im Euroraum zu gewährleisten.

OMT-Beschluss und Europäischer Stabilitätsmechanismus

Die Aufgaben der Europäischen Zentralbank wurde angesichts der Finanz- und Wirtschaftskrise Ende 2010 durch den sog. **OMT-Beschluss** („Technical features of Outright Monetary Transactions") erweitert: Nach diesem Beschluss dürfen Staatsanleihen ausgewählter Mitgliedstaaten in unbegrenzter Höhe aufgekauft werden, wenn und solange diese Mitgliedstaaten zugleich an einem mit dem **Europäischen Stabilitätsmechanismus (ESM)** vereinbarten Reformprogramm teilnehmen. Erklärtes Ziel des OMT ist die Sicherstellung einer ordnungsgemäßen geldpolitischen Transmission und der Einheitlichkeit der Geldpolitik. Auch wenn die Vereinbarkeit des OMT-Beschlusses mit dem Unionsrecht nicht gerade unstreitig war und ist, hat der Gerichtshof die Unionsrechtskonformität bestätigt.

Unabhängigkeit der EZB und ihrer Direktoren

Um diese Aufgaben gewissenhaft erfüllen zu können, sind die Europäische Zentralbank und die Mitglieder des Direktoriums nach Art. 130 Abs. 1 AEUV von anderen Unionsorganen und Regierungen und Institutionen der Mitgliedstaaten **unabhängig**. Sie dürfen deshalb insbesondere keine Weisungen entgegennehmen.

! ***Klausurhinweis:*** *Vertiefte Fragen zur Europäischen Zentralbank müssen Sie in einer Semesterabschlussklausur nicht befürchten – die Geldpolitik und ihre Mechanismen verlangen Kenntnisse, die in einem juristischen Studium nicht vermittelt werden!*

7. Abschnitt: Rechnungshof

Steckbrief: Rechnungshof

- **Sitz:** Luxemburg
- **Zusammensetzung:** ein Staatsangehöriger je Mitgliedstaat
- **Aufgaben:** Prüfung aller Einnahmen und Ausgaben der Union, Überwachung der Wirtschaftlichkeit der Haushaltsführung
- **Vorschriften:** Art. 285 ff. AEUV

Regelungen über den Rechnungshof

Wie die Europäische Zentralbank ist der Rechnungshof mit Organqualität versehen, was seine Nennung bei den übrigen Organen in Art. 13 EUV belegt. Er findet aber seine Regelung ebenfalls nicht in den Art. 14 ff. EUV, sondern „nur" in den Art. 285 ff. AEUV.

Aufgaben des Rechnungshofes

Der Rechnungshof ist nach Art. 285 AEUV für die **Rechnungsprüfung** zuständig, d.h. er prüft die Rechnung über alle Einnahmen und Ausgaben der EU sowie der von der EU geschaffenen Einrichtungen auf Rechtmäßigkeit und Ordnungsmäßigkeit und überzeugt sich von der Wirtschaftlichkeit der Haushaltsführung. Hierzu erstattet er einen Jahresbericht, der nicht nur den übrigen Institutionen der EU zugeleitet, sondern gemäß Art. 287 Abs. 4 UAbs. 1 AEUV auch im Amtsblatt der EU veröffentlicht wird.

Zusammensetzung und Unabhängigkeit

Der Rechnungshof ist mit einem Staatsangehörigen pro Mitgliedstaat besetzt (Art. 285 Abs. 2 S. 1 AEUV). Die Mitglieder des Rechnungshofes üben ihre Aufgabe in voller Unabhängigkeit zum gemeinen Wohl der Union aus (Art. 285 Abs. 2 S. 2 AEUV).

! ***Klausurhinweis:*** *Vertiefte Kenntnisse über den Rechnungshof sind für die Klausur noch weniger erforderlich als solche über die Europäische Zentralbank!*

8. Abschnitt: Sonstige Einrichtungen

Ausschüsse als organunterstützende Institutionen sui generis ohne eigene Organqualität

Das Europäische Parlament, der Rat und die Kommission werden durch den **Wirtschafts- und Sozialausschuss** sowie den **Ausschuss der Regionen** beraten. Beide sollen – als Institutionen sui generis ohne Organqualität – ihre jeweilige Expertise in die Aufgabenerfüllung der Organe einfließen lassen und die Organe auf diese Weise bei ihrer Tätigkeit unterstützen. Die beiden Ausschüsse sind dabei nicht auf informelle Beratungen beschränkt, vielmehr bestehen in einzelnen Rechtsetzungsverfahren Anhörungspflichten und Stellungnahmerechte.

A. Wirtschafts- und Sozialausschuss

Zusammensetzung, Amtszeit und Aufgaben

Der Wirtschafts- und Sozialausschuss setzt sich aus Vertretern verschiedener Gesellschafts- und Wirtschaftsgruppen zusammen, die beispielhaft, aber nicht abschließend in Art. 300 Abs. 2 AEUV genannt werden. Die maximal 350 Mitglieder (Art. 301 AEUV) werden durch den Rat nach Anhörung der Kommission für fünf Jahre ernannt (Art. 302 AEUV). Dass der Wirtschafts- und Sozialausschuss weder demokratisch gewählt ist noch die Bevölkerung repräsentiert, ist unschädlich: Seine Aufgabe ist es nicht, die Bevölkerung zu vertreten, sondern die Interessen und Auffassungen unterschiedlicher Gesellschafts- und Wirtschaftsgruppen wiederzugeben und in die Arbeit der Organe der EU zu tragen.

!

Vom Wirtschafts- und Sozialausschuss abgegebene Stellungnahmen sind unverbindlich!

B. Ausschuss der Regionen

Zusammensetzung, Amtszeit und Aufgaben

Der Ausschuss der Regionen besteht ebenfalls aus bis zu 350 Mitgliedern (Art. 305 Abs. 1 AEUV), wobei jeder Mitgliedstaat proportional zu seiner Bevölkerungszahl vertreten ist. Aus Deutschland werden deshalb derzeit 24 Mitglieder entsandt. Ernannt werden kann dabei nur, wer Vertreter einer regionalen oder lokalen Gebietskörperschaft ist, ein auf Wahlen beruhendes Mandat in einer regionalen oder lokalen Gebietskörperschaft innehat oder gegenüber einer gewählten Versammlung politisch verantwortlich ist. Mitglieder können deshalb insbesondere kommunale Ratsmitglieder, Bürgermeister aus Städten und Gemeinden sowie Abgeordnete aus den Landtagen werden.

!

Auch die vom Ausschuss der Regionen abgegebenen Stellungnahmen und Empfehlungen sind für die Organe der EU unverbindlich!

1. Können andere als die in Art. 13 EUV genannten Organe durch europäisches Sekundärrecht eingeführt werden?	**1.** Nein! Durch Art. 13 EUV wird ein numerus clausus der Unionsorgane festgelegt, der die Schaffung weiterer Organe durch Sekundärrecht verhindert. Weitere Organe können folglich nur im Wege der Änderung der Verträge (Primärrecht) eingeführt werden.
2. Existiert auf der Ebene der EU eine Gewaltenteilung?	**2.** Nein! Statt einer Gewaltenteilung sehen die Verträge eine gegenseitige Kontrolle der Organe untereinander vor, die sich im Grundsatz des institutionellen Gleichgewichts der Organe niederschlägt.
3. Was versteht man unter dem Grundsatz degressiver Proportionalität?	**3.** Dieser Grundsatz findet bei der Sitzvergabe im Europäischen Parlament Anwendung und besagt, dass die Mitgliedstaaten durch Abgeordnete degressiv proportional, also angemessen abfallend, vertreten werden. Auf jeden Mitgliedstaat entfallen demnach nicht so viele Sitze, wie ihm im Verhältnis seines Anteils an der Unionsbevölkerung eigentlich zustünden.
4. Besteht ein Unterschied zwischen dem Rat und dem Europäischen Rat?	**4.** Ja! Der Rat besteht aus (Fach-)Ministern aus den Regierungen der Mitgliedstaaten und tagt in wechselnden Zusammensetzungen (Art. 16 EUV). Der Europäische Rat besteht hingegen aus den Staats- und Regierungschefs der Mitgliedstaaten (Art. 15 EUV).
5. Welches Verfahren gilt für die Beschlussfassung im Europäischen Rat?	**5.** Das Konsensverfahren. Dabei wird nicht abgestimmt, sondern so lange zwischen den Teilnehmern verhandelt, bis kein Mitglied mehr Einwände erhebt (vgl. Art. 15 Abs. 4 EUV).
6. Auf welche Weise kann die Amtszeit eines Kommissars vorläufig enden?	**6.** Durch Todesfall, durch freiwilligen Rücktritt einzelner Kommissare oder der gesamten Kommission als Kollegialorgan, durch Abberufung des Kommissionspräsidenten (sog. erzwungener Rücktritt), durch Amtsenthebung durch den Gerichtshof auf Antrag des Rates oder durch Misstrauensvotum des Europäischen Parlaments.
7. Was versteht man unter der sog. Doppelhutlösung?	**7.** Die Doppelhutlösung beschreibt die Sonderrolle des Hohen Vertreters für Außen- und Sicherheitspolitik, da dieser zugleich als Kommissar und eine Art „Außenminister" der EU fungiert (vgl. Art. 18 Abs. 4 EUV).
8. Nennen Sie drei wesentliche Aufgaben der Kommission!	**8.** Exekutivfunktion (z.B. als Kartellbehörde), Initiativmonopol (Gesetzgebung), Wächterfunktion.

4. Teil: Materielles Unionsrecht

Europarecht – mehr als Staatsorganisationsrecht anderer Ordnung

Das europäische Primärrecht enthält eine Vielzahl von Regelungen, die man – stünden sie im Grundgesetz – dem Staatsorganisationsrecht zuordnen würde. Diese Regelungen haben Sie im 3. Teil zum Organisationsrecht kennen gelernt. Wer jetzt aber das Europarecht zum Staatsorganisationsrecht anderer Ordnung „degradiert", der irrt. Denn das Europarecht besteht nicht nur aus den Verträgen und diese nicht nur aus Organisationsregelungen. Von großem Interesse – nicht nur für die Unionsbürger, sondern auch für die Klausursteller – sind die Regelungen, die individuelle Rechte der Unionsbürger enthalten. Hierzu gehören die **Grundfreiheiten**, aber auch die **EU-Grundrechtecharta**. Diese Vorschriften lassen sich in Klausuren wiederum gut mit den übrigen Rechtsquellen des europäischen **Sekundärrechts** kombinieren.

1. Abschnitt: Rechtsquellen des Unionsrechts

Definition: primäres und sekundäres Unionsrecht

Das europäische Organisationsrecht findet sich beinahe ausschließlich im **primären Unionsrecht** oder **Primärrecht**, also im in erster Linie von den Mitgliedstaaten im Rahmen der europäischen Verträge geschaffenen Recht. Daneben existiert das **sekundäre Unionsrecht** oder **Sekundärrecht**. Hierbei handelt es sich um Rechtsvorschriften, die von den Organen der EU aufgrund von Kompetenzen im Primärrecht geschaffen wurden.

Hinweis: *Das sekundäre Unionsrecht entspricht – hinsichtlich der Entstehung – den deutschen Bundesgesetzen (vgl. Art. 70 ff. GG).* !

A. Primäres Unionsrecht

I. Bestandteile

Bestandteile des primären Unionsrechts

Zum primären Unionsrecht gehören in erster Linie die **Gründungsverträge** der EU – also der EUV und der AEUV. Hiermit erschöpft sich das Primärrecht jedoch nicht. Weiterhin gehören dazu:

- alle **Anhänge** und **Protokolle** der Gründungsverträge (vgl. Art. 51 EUV) ebenso wie die **Änderungen der Verträge**,
- die **allgemeinen Rechtsgrundsätze**, die der Gerichtshof der Europäischen Union aus den Verträgen abgeleitet oder zu diesen (beispielsweise aus den grundlegenden Verfassungsprinzipien der Mitgliedstaaten) entwickelt hat,

- das **Gewohnheitsrecht**, das sich aus der Anwendung des sonstigen Primärrechts entwickelt hat, und
- die **EU-Grundrechtecharta (GRCh)**, die nach Art. 6 Abs. 1 Hs. 2 EUV den Verträgen gleichgestellt ist.

II. Rangfolge

Rangfolge zwischen Primär- und Sekundärrecht sowie innerhalb des Primärrechts

Da das primäre Unionsrecht von den Mitgliedstaaten geschaffen wurde und selbst die „Ermächtigungsgrundlagen" für das sekundäre Unionsrecht enthält, steht das **primäre Unionsrecht im Rang über dem sekundären Unionsrecht**. Deshalb ist das Primärrecht Prüfung und Geltungsmaßstab für die (Unions-)Rechtmäßigkeit des Sekundärrechts sowie Maßstab für die Auslegung des Sekundärrechts. **Innerhalb des Primärrechts** herrscht hingegen **Gleichrangigkeit**, unabhängig von der Entstehung der Norm.

III. Geltung und Anwendbarkeit des Primärrechts

Schlagworte für die Reichweite des primären Unionsrechts

Oft liest man, das primäre Unionsrecht entfalte unmittelbare Geltung und sei dabei aber nur eingeschränkt unmittelbar anwendbar. Dahinter verbirgt sich die verschlagwortete Antwort auf die Frage, wer sich ab wann auf primäres Unionsrecht berufen darf.

1. Unmittelbare Geltung

Gültigkeit des primären Unionsrechts ohne Transformationsakt

Das primäre Unionsrecht **gilt unmittelbar**, muss also – anders als das sekundäre Unionsrecht (siehe dazu unten S. 61 ff.) – nicht erst in das Recht der Mitgliedstaaten umgesetzt (transformiert) werden. Sobald die Verträge bzw. ihre Änderungen in Kraft getreten sind oder noch in Kraft treten, gehören sie unmittelbar zu der in allen Mitgliedstaaten zu vollziehenden Rechtsordnung.

2. Unmittelbare Anwendbarkeit

Eingeschränkte unmittelbare Anwendbarkeit des Primärrechts

Auch wenn sie unmittelbar in allen Mitgliedstaaten gültig sind, finden nicht alle Regelungen des primären Unionsrechts **unmittelbare Anwendung**. Die Unionsbürger können nur die Normen des Primärrechts für sich reklamieren, die **hinreichend genaue und unbedingte Verpflichtungen oder Berechtigungen** enthalten.

Beispiel: Grundfreiheiten wie die Warenverkehrsfreiheit, Art. 34 AEUV

!

Klausurhinweis: *Das heißt aber nicht, dass die unmittelbare Anwendbarkeit in jedem Gutachten explizit zu überprüfen wäre! Denn z.B. bei*

den Grundfreiheiten ist die unmittelbare Wirkung allgemein anerkannt. Eine ausdrückliche Prüfung ist daher fehl am Platz!

B. Sekundäres Unionsrecht

I. Bestandteile

Erscheinungsformen sekundären Unionsrechts

Welche Erscheinungsformen des sekundären Unionsrechts existieren, folgt aus **Art. 288 AEUV**: **Verordnungen** (Abs. 2), **Richtlinien** (Abs. 3), **Beschlüsse** (Abs. 4), **Empfehlungen und Stellungnahmen** (Abs. 5). Hinzu kommen Gewohnheitsrecht und allgemeine Rechtsgrundsätze als ungeschriebenes sekundäres Unionsrecht, obwohl sie in Art. 288 AEUV nicht auftauchen. Art. 288 enthält deshalb keinen numerus clausus des sekundären Unionsrechts.

!

Hinweis: *So wichtig die Aufzählung in Art. 288 AEUV auch ist, sie ist* ***keine Ermächtigungsgrundlage*** *zum Erlass entsprechender Vorschriften, sondern nur Aufzählung der möglichen Handlungsformen!*

Wahlfreiheit hinsichtlich der Handlungsform

Welche Handlungsform das jeweilige Organ zur Verfolgung seiner Ziele wählt, ist ihm überlassen. Die Organe genießen nach Art. 296 Abs. 1 AEUV **Wahlfreiheit** hinsichtlich der Handlungsform, außer die Verträge schreiben eine bestimmte Handlungsform vor.

II. Rangfolge

Rangfolge gegenüber dem primären Unionsrecht

Das sekundäre Unionsrecht folgt, da es aufgrund von Ermächtigungen im primären Unionsrecht erlassen wird, diesem im Rang nach. Innerhalb des sekundären Unionsrechts sind die einzelnen Handlungsformen untereinander gleichrangig.

Streng genommen steht das sekundäre Unionsrecht im Rang nicht nur unter dem Primärrecht, sondern auch unter den von der EU abgeschlossenen völkerrechtlichen Verträgen. Diese nehmen nach Art. 216 Abs. 2 AEUV einen Zwischenrang zwischen dem Primär- und Sekundärrecht ein.

III. Einzelheiten zu europäischen Richtlinien

Richtlinien als Grundlagen für das europäisierte Recht der Mitgliedstaaten

Die Formulierung des Art. 288 Abs. 3 AEUV lässt nicht gleich erahnen, wie wichtig **Richtlinien** für das europäisierte Recht der Mitgliedstaaten sind. Dort wird nämlich nur festgeschrieben, dass sich die Richtlinien an die Mitgliedstaaten richten und diesen die Wahl der Form und Mittel – zur Umsetzung der Richtlinie, was sich aber nicht aus dem Wortlaut ergibt – überlassen. Als wirkliche Legaldefinition taugt das wenig. Hinter den Richtlinien verbirgt sich viel mehr, nämlich die **Rechtsangleichung in allen Mitgliedstaaten**.

Mit Richtlinien geben die an der Rechtsetzung der EU beteiligten Organe Grundstrukturen und rechtliche Konstruktionen vor, die im Anschluss daran durch die nationale Gesetzgebung in den Mitgliedstaaten in nationales Recht **transformiert** werden müssen.

Beispiel: Aufgrund der Öffnung des Binnenmarktes und dem damit einhergehenden Abbau an Hindernissen für Waren, Dienstleistungen etc. kommen grenzüberschreitende Geschäfte immer häufiger vor. Dies ist auch gewollt, verwirklicht sich doch erst auf diese Weise der gemeinsame Binnenmarkt innerhalb der EU. Probleme entstehen bei der Frage des anwendbaren Rechts und den Rechten und Pflichten der Vertragsparteien. Hieraus folgen wiederum Hindernisse und Abschreckungen, die nicht gewollt sind. Zum Abbau entsprechender Hindernisse müssen ähnliche rechtliche Voraussetzungen und Strukturen in allen Mitgliedstaaten geschaffen werden, damit die Vertragsparteien – unabhängig vom im konkreten Fall anwendbaren Recht – zumindest im Überblick über ihre Rechte und Pflichten wissen. Deshalb wurde z.B. mit der **Verbrauchsgüterkaufrichtlinie** ein einheitliches Kaufrecht für Kaufverträge zwischen Unternehmern und Verbrauchern geschaffen. Um allerdings keine parallele Unionsrechtsordnung entstehen zu lassen, sind die Mitgliedstaaten als Adressaten der Richtlinie verpflichtet, ihr nationales Recht an die Vorgaben der Richtlinie anzupassen. Die Vorgaben der Verbrauchsgüterkaufrichtlinie haben sich deshalb in den §§ 433 ff. BGB niedergeschlagen.

Aufgrund der besonderen Ausgestaltung der Richtlinie – Vorgaben mit der Verpflichtung zur Umsetzung als Mittel der Rechtsangleichung – ist die Richtlinie mit keinem Rechtsakt des nationalen Rechts vergleichbar. Es handelt sich vielmehr um einen **Rechtsakt sui generis** ohne jedwedes Vorbild.

1. Umsetzung von Richtlinien

Richtlinie als Mittel der Rechtsangleichung

Der Mitgliedstaat als **Adressat** der Richtlinie ist berufen, sein nationales Recht an die unionsrechtlichen Vorgaben anzupassen, um auf diese Weise der **Rechtsangleichung** im europäischen Raum genüge zu tun. Anders als das primäre Unionsrecht oder die Verordnung (dazu unten S. 68) **gilt** die Richtlinie **nicht unmittelbar** und ist auch für die Unionsbürger grundsätzlich **nicht unmittelbar anwendbar**.

a) Art und Weise der Umsetzung

Formenwahlrecht

Die Richtlinie zwingt den Staat zwar zur Umsetzung, lässt es ihm aber – ausweislich des Wortlauts von Art. 288 Abs. 3 a.E. AEUV – ausdrücklich offen, auf welche Art und Weise er die Umsetzung vornehmen will. Grundsätzlich erhält der Mitgliedstaat ein **Formenwahlrecht**, er kann die Vorgaben also durch Gesetz, Rechtsverordnung oder Satzung umsetzen. Von vornherein ausgeschlossen sind lediglich die bloße Anpassung der Verwaltungspraxis und nach h.M. die Anpassung von Verwaltungsvorschriften, da es sich insoweit nicht um verbindliche normative Akte des Rechts handelt, die auch gegenüber dem Bürger (Außen-)Wirkung entfalten.

Rechtssicherheit und Rechtsklarheit können Rechtsnormvorbehalt auslösen

Allerdings verengt sich das Formenwahlrecht des nationalen Gesetzgebers auf die Umsetzung der Richtlinie durch ein formelles Gesetz und damit auf einen **Rechtsnormvorbehalt**, wenn die Richtlinie die Mitgliedstaaten zur Schaffung gerichtlich durchsetzbarer Individualrechtspositionen verpflichtet. Anderenfalls ist weder die **Rechtssicherheit** noch die **Rechtsklarheit** in ausreichendem Maß gewährleistet. Der Gerichtshof stellt sich insofern auf den Standpunkt, dass nur formelle Gesetze geeignet sind, die Unionsbürger verständlich über ihre (neuen) Rechte und Pflichten aufzuklären. Gerade Rechtsverordnungen und Satzungen bergen die Gefahr, dass der Bürger die darin enthaltenen Vorschriften übersieht.

Leitender Grundsatz bei der Umsetzung: effet utile

Die beiden Grundsätze – Rechtssicherheit und Rechtsklarheit – folgen aus dem für den nationalen Gesetzgeber immer zu beachtenden **Grundsatz der praktischen Wirksamkeit des Unionsrechts**, aus Art. 4 Abs. 3 UAbs. 2 EUV, kurz: **effet utile**. Die Mitgliedstaaten haben die Vorgaben der Richtlinie also in einer Art und Weise umzusetzen, dass ihnen die größtmögliche Reichweite und Wirkung zuteil wird. Zur bestmöglichen Wirkung gehört eben auch, dass die Bürger in den Mitgliedstaaten ihre Rechte kennen und ohne Zweifel anwenden können. So erklärt sich, wie die Grundsätze der Rechtssicherheit und Rechtsklarheit aus dem Grundsatz des effet utile abgeleitet werden können.

b) Inhaltliche Umsetzung

Mindestens Richtlinieninhalt, überschießende Umsetzung zulässig

Inhaltlich werden die Mitgliedstaaten verpflichtet, **mindestens** den Rechtsstand herbeizuführen, der durch die Richtlinie vorgegeben wird. Es bleibt ihnen allerdings unbenommen, über den Inhalt der Richtlinie hinauszugehen, also strengere Regeln als vorgegeben zu schaffen oder den Richtlinieninhalt auch auf solche Anwendungsbereiche auszudehnen, die von der Richtlinie ursprünglich nicht erfasst waren. Nimmt der nationale Gesetzgeber den ihm insoweit zustehenden **Wertungsspielraum** wahr, spricht man von einer **überschießenden Umsetzung der Richtlinie**.

c) Umsetzungsfrist

Vorgabe einer Umsetzungsfrist

Die Rechtsangleichung funktioniert nur, wenn sie zumindest zu vergleichbaren Zeitpunkten in Kraft tritt. Deshalb bestimmt jede

Richtlinie – zumeist am Ende – eine **Frist**, innerhalb derer die Mitgliedstaaten einen richtlinienkonformen Zustand im nationalen Recht herstellen müssen. Diese Frist umfasst einen längeren Zeitraum (zum Teil mehrere Jahre) und gibt den Mitgliedstaaten damit die Möglichkeit, das notwendige Gesetzgebungsverfahren in Ruhe durchführen zu können.

2. Unterbliebene Umsetzung und ihre Folgen

Protektionismus und Behinderung des freien Binnenmarkts durch Unterlassen der Umsetzung einer Richtlinie

Kommt ein Mitgliedstaat seiner **Pflicht zur Umsetzung der Richtlinie** innerhalb der in der Richtlinie normierten Umsetzungsfrist **nicht nach**, muss dies Folgen haben – verweigert er sich damit doch der ureigenen europäischen Idee und verhindert den Erfolg der Rechtsangleichung. Dass ein solches Verhalten ein Hindernis für das Funktionieren des gemeinsamen Binnenmarktes darstellt, versteht sich dabei von selbst. Allerdings können Staaten auch ein Interesse an der Nichtumsetzung haben, nämlich nachteilige Abweichungen von ihrem bisherigen nationalen Recht zu verhindern und darüber eine Besserstellung ihrer Staatsangehörigen zu erreichen. Diese Art Protektionismus behindert den gemeinsamen Markt, sodass es sie zu verhindern gilt.

a) Vertragsverletzungsverfahren

Feststellung der Vertragsverletzung und Festsetzung eines Zwangsgeldes

In jeder Verweigerung der Umsetzung einer Richtlinie liegt ein Verstoß gegen die europäischen Verträge, genauer gegen die aus Art. 288 Abs. 3 AEUV abzuleitende Umsetzungsverpflichtung. Die Kommission kann deshalb ein **Vertragsverletzungsverfahren** nach Art. 258 AEUV gegen den jeweiligen Mitgliedstaat einleiten. Gelangt auch der Gerichtshof zu der Überzeugung, dass der Mitgliedstaat gegen seine Vertragspflichten verstoßen hat, verfügt er indes nur über ein übersichtliches Arsenal, um das Fehlverhalten des Mitgliedstaates zu ahnden: Der **Gerichtshof stellt die Vertragsverletzung fest** und verpflichtet den Mitgliedstaat zur Abstellung des Fehlverhaltens (Art. 260 Abs. 1 AEUV). Kommt der Mitgliedstaat dieser Verpflichtung nicht nach, kann der Gerichtshof ein **Zwangsgeld** verhängen (Art. 260 Abs. 2 AEUV). Setzt der Mitgliedstaat die Richtlinie dann immer noch nicht um, kann der Gerichtshof außer der Festsetzung weiterer Zwangsgelder nichts unternehmen – insbesondere kann er die Richtlinie nicht selbst umsetzen, da es sich um einen Eingriff in die Souveränität des Mitgliedstaats handeln würde. Denn die Mitgliedstaaten haben neben der Umsetzungspflicht auch das Recht, Art und Weise der Umsetzung zu bestimmen (s.o.). Dieses Recht wird durch die Nichtumsetzung nicht etwa verwirkt, sondern bleibt weiterhin bestehen. Überdies hat der Gerichtshof nicht die rechtliche Möglichkeit, in nationale Gesetzgebungsverfahren einzugreifen.

b) Unmittelbare Wirkung der Richtlinie

Erweiterung der Sanktionen bei Nichtumsetzung einer Richtlinie

Diese Maßnahmen sind jedoch nur ein vergleichsweise stumpfes Schwert gegen das Fehlverhalten des Mitgliedstaates – schließlich beseitigen weder die Feststellung des Fehlverhaltens noch die Verhängung eines Zwangsgeldes das eigentliche Hindernis für den freien Binnenmarkt der EU. Auch die Ungleichbehandlung der Unionsbürger ist mit Händen greifbar, kann aber nicht verhindert oder wenigstens für die Zukunft beseitigt werden. Deshalb durchbricht der Gerichtshof als Sanktionsmaßnahme der Mitgliedstaaten und zum Schutz der Unionsbürger in dem betroffenen Staat die grundlegende Konstruktion der Richtlinie: Unter bestimmten Voraussetzungen können sich Bürger **unmittelbar auf die Richtlinie berufen** und Rechte aus ihr ableiten, auch wenn sie noch nicht in nationales Recht umgesetzt wurde. Die Sanktionsmaßnahme leitet der Gerichtshof dabei aus dem **effet utile**, der Funktionsfähigkeit der EU sowie dem Grundsatz des **venire contra factum proprium** ab. Letzterer erhält gerade dann besondere Bedeutung, wenn sich der Mitgliedstaat auf die – selbst verursachte – Nichtumsetzung beruft, um eigene Verpflichtungen gegenüber den Bürgern nicht erfüllen zu müssen.

Die Richtlinie gilt ausnahmsweise unmittelbar und ist für die Unionsbürger unmittelbar anwendbar! !

Unmittelbare Wirkung von Richtlinien

- **Voraussetzungen**
  - Umsetzungsfehler bei Ablauf der Umsetzungsfrist
  - Richtlinie inhaltlich unbedingt
  - Richtlinie hinreichend genau
- **Folgen der unmittelbaren Wirkung**
  - Vertikale Wirkung nur zugunsten, nicht zulasten des Bürgers
  - Keine horizontale Wirkung (h.M.)

Umsetzungsfehler als notwendige, aber nicht hinreichende Bedingung

Die Nichtumsetzung der Richtlinie ist eine notwendige, aber nicht hinreichende Bedingung, um die unmittelbare Wirkung einer Richtlinie auszulösen. Dies ist nur unter folgenden **Voraussetzungen** anerkannt, die **kumulativ** vorliegen müssen:

Umsetzungsfehler

- Eine Richtlinie kann nur dann unmittelbare Wirkung entfalten, wenn dem Mitgliedstaat ein **Umsetzungsfehler** unterlaufen ist. Dies ist der Fall, wenn die Richtlinie **bis zum Ablauf der Umsetzungsfrist** überhaupt **nicht umgesetzt** (sog. **Umsetzungsausfall**) oder **nicht vollständig** oder **nicht ordnungsgemäß umgesetzt** worden ist (sog. **Umsetzungsdefizit**).

self-executing-Norm

- Die unmittelbar anzuwendenden Vorschriften müssten **inhaltlich unbedingt** sein. Dies ist der Fall, wenn die Richtlinie vorbehaltlos und ohne Bedingung anwendbar ist und keiner weiteren gestalterischen Maßnahme der Organe der Mitgliedstaaten oder der EU bedarf. Die Regelung muss quasi **self executing** sein, also aus sich heraus vollziehbar.

Hinreichende Bestimmtheit der Norm

- Die Regelungen der Richtlinie sind letztlich auch **hinreichend bestimmt**, wenn sich aus der jeweiligen Bestimmung Adressat und Inhalt der Pflicht, bei anspruchsbegründenden Bestimmungen Schuldner, Gläubiger und Anspruchsinhalt erkennen lassen.

!

Klausurhinweis: *Hier liegt regelmäßig der Schwerpunkt in Klausuren! Sie müssen die wiedergegebenen Normen der Richtlinie genau auf Lücken abklopfen und Ihre Ergebnisse gründlich begründen!*

Liegen die Voraussetzungen für eine unmittelbare Wirkung der Richtlinie vor, ist aber noch nichts darüber gesagt, auf welche Weise bzw. **gegenüber wem** die unmittelbare Wirkung greift. Hier muss man sich auf den Sanktionsgedanken besinnen, der zur Abweichung von der Transformationspflicht geführt hat:

Nur vertikale unmittelbare Wirkung zugunsten des Bürgers

- Die Richtlinien entfalten nur **vertikale unmittelbare Wirkung**, sodass sich der **Bürger nur gegenüber dem Staat** unmittelbar auf die Richtlinienbestimmungen berufen kann; hierüber wird dessen Fehlverhalten sanktioniert. Dabei greift die Wirkung **nur zugunsten der Bürger**, **nicht zu ihren Lasten**. Anderenfalls würde die Vertragsverletzung der Mitgliedstaaten auch noch belohnt und der Anreiz zu einer rechtzeitigen und richtigen Umsetzung der Richtlinienbestimmungen weiter herabgesetzt.

  Für die Praxis bedeutet das: Die Gerichte sind von Amts wegen verpflichtet, den Inhalt der Richtlinie so zu beachten und anzuwenden, als sei die Richtlinie ordnungsgemäß und rechtzeitig umgesetzt worden.

Keine horizontale unmittelbare Wirkung

- Eine **horizontale unmittelbare Wirkung**, also die Anwendung von Richtlinienbestimmung in Rechtsverhältnissen zwischen Bürgern untereinander, lehnt die h.M. ab. Begründet wird dies zum einen wiederum mit dem Sanktionsgedanken, der sich nur gegen die Mitgliedstaaten, aber nicht gegen die durch die Regelung benachteiligten Bürger richte. Zum anderen dürften die Bürger in den Mitgliedstaaten darauf vertrauen, nur dort durch unionsrechtliche Regelungen unmittelbar belastet zu werden, wo den Unionsorganen das Recht zusteht, **Verordnungen** zu erlassen. Im Übrigen könnten sie mit belastenden Regelungen erst nach Umsetzung durch die nationalen Gesetzgebungsorgane konfrontiert werden.

c) Unionsrechtlicher Staatshaftungsanspruch

Grundsätzlich kein Schadensersatzanspruch für legislatives Unrecht

Eine letzte Schutzlücke verbleibt für den Bürger für den Fall, dass die Richtlinie inhaltlich nicht unbedingt oder nicht hinreichend bestimmt ist – denn dann kann sie trotz eines Umsetzungsfehlers nicht unmittelbar zu seinen Gunsten wirken. Entstehen dem Bürger in diesem Zusammenhang **Schäden**, kann er diese grundsätzlich nicht geltend machen, da die EU nach Art. 340 Abs. 2 AEUV nur für das Fehlverhalten ihrer eigenen Bediensteten haftet und die Mitgliedstaaten keinen Schadensersatz für legislatives Unrecht schulden. Auch ein **Vertragsverletzungsverfahren** nach Art. 258, 259 AEUV wegen des Verstoßes gegen die Umsetzungspflicht kann der Bürger nicht einleiten; hier sind nur die Kommission oder die Mitgliedstaaten antragsberechtigt.

Unionsrechtliche Staatshaftung der Mitgliedstaaten – Herleitung und Voraussetzungen

Um diese Lücke zu schließen, hat der Gerichtshof in der sog. **Francovich-Entscheidung** ein eigenständiges und ungeschriebenes Rechtsinstitut der **unionsrechtlichen Staatshaftung der Mitgliedstaaten** entwickelt. Der Grundsatz, dass der Staat für Schäden haftet, die dem Einzelnen durch dem Staat zuzurechnende Verstöße gegen das Unionsrecht entstehen, folge unmittelbar aus dem Wesen der europäischen Rechtsordnung. Dieser **Schadensersatzanspruch des Bürgers gegen den jeweiligen Mitgliedstaat** besteht unter folgenden **Voraussetzungen**:

- Es muss ein Verstoß gegen eine **individualschützende Vorschrift** des Unionsrechts vorliegen. Derartige Rechte können sich nicht nur aus den EU-Grundrechten und den Grundfreiheiten ergeben, sondern auch aus der nicht, nicht rechtzeitig oder nicht vollständig umgesetzten Richtlinie.

- Der Verstoß muss **hinreichend qualifiziert** sein. Das ist der Fall, wenn der Mitgliedstaat seine Befugnisse offenkundig und erheblich überschritten hat. Der Gerichtshof erkennt einen solchen hinreichend qualifizierten Verstoß insbesondere für den Fall an, dass der Mitgliedstaat seiner Umsetzungsverpflichtung bei wirksamen Richtlinien nicht nachgekommen ist.

- Letztlich muss ein **unmittelbarer Kausalzusammenhang** zwischen der Pflichtverletzung des Staates und dem eingetretenen Schaden bestehen. Dies wird regelmäßig zu bejahen sein, wenn der Schaden bei rechtzeitiger und korrekter Umsetzung der Richtlinie hätte vermieden werden können.

Ein darüber hinausgehendes **Verschulden** des Mitgliedstaates ist aufgrund der Schwere des Verstoßes **nicht erforderlich**.

!

Klausurhinweis: *Die Prüfung des Schadensersatzanspruchs taucht in Klausuren häufig zusammen mit der Prüfung der unmittelbaren Anwendbarkeit einer Richtlinie auf!*

IV. Einzelheiten zu europäischen Verordnungen

Verordnung als europäisches Gesetz

Anders als die Richtlinie **gilt** die Verordnung nach Art. 288 Abs. 2 AEUV **unmittelbar** und ist auch für den Bürger **unmittelbar anwendbar**. Es bedarf also insbesondere keines mitgliedstaatlichen Transformationsaktes, um die europäischen Regelungen wirksam werden zu lassen. Ihrer Konstruktion und Wirkung nach sind Verordnungen daher mit einem **formellen Gesetz** der nationalen Rechtsordnungen vergleichbar. Dieser Umstand hat der Verordnung die Bezeichnung als **europäisches Gesetz** eingebracht.

V. Einzelheiten zum Beschluss

Beschluss

Beschlüsse sind nach Art. 288 Abs. 4 S. 1 AEUV in allen ihren Teilen verbindlich, binden aber für den Fall, dass sie an einen bestimmten Adressaten gerichtet sind, nur diesen, Art. 288 Abs. 4 S. 2 AEUV. Der letztere, sog. **adressatspezifischer Beschluss** ist die am häufigsten anzutreffende Erscheinungsart des Beschlusses. Seinem Inhalt und seiner Wirkung nach lässt sich der Beschluss in erster Linie mit dem **Verwaltungsakt** i.S.d. § 35 S. 1 VwVfG vergleichen. Deshalb macht auch in erster Linie die Kommission von dieser Art des sekundären Unionsrechts Gebrauch (vgl. Art. 290, 291 AEUV).

VI. Empfehlungen und Stellungnahmen

Empfehlungen und Stellungnahmen als Elemente der Kommunikation der Organe der EU untereinander

In Art. 288 Abs. 5 AEUV ist die Möglichkeit für die Organe der EU vorgesehen, Empfehlungen und Stellungnahmen abzugeben. Anders als die übrigen Erscheinungsformen sekundären Unionsrechts begründen sie **keine rechtliche Verpflichtung**. Besondere Bedeutung haben die Stellungnahmen im Rahmen des Rechtsetzungsverfahrens, in dem sie zum Teil verbindlich vorgeschrieben sind.

Check: Rechtsquellen des Unionsrechts

1. Gehören nur der EUV und der AEUV zum primären Unionsrecht?	**1.** Nein! Neben den Gründungsverträgen gehören auch deren Anhänge und Protokolle sowie aus den Verträgen abgeleitetes Gewohnheitsrecht sowie zu den Verträgen entwickelte allgemeine Rechtsgrundsätze zum Primärrecht. Zuletzt hinzugekommen ist die EU-Grundrechtecharta, die aufgrund der Gleichstellung mit den Verträgen zum Primärrecht zählt.
2. Beinhaltet Art. 288 AEUV eine Ermächtigungsgrundlage zum Erlass sekundären Unionsrechts?	**2.** Nein! Die Bedeutung des Art. 288 AEUV erschöpft sich in der reinen Aufzählung der grundsätzlich zur Verfügung stehenden Handlungsformen des sekundären Unionsrechts.
3. Sind die Unionsorgane zur Nutzung bestimmter Handlungsformen verpflichtet?	**3.** Nein! Die Unionsorgane haben grundsätzlich Wahlfreiheit hinsichtlich der Handlungsform, können also frei wählen, ob sie sich Verordnungen, Richtlinien oder Beschlüssen bedienen – außer es wird durch die Verträge etwas anderes angeordnet.
4. Was unterscheidet die Wirkungen von Richtlinien und Verordnungen?	**4.** Verordnungen sind unmittelbar anwendbar, lösen also ohne mitgliedstaatlichen Akt Rechte und Pflichten der Unionsbürger aus. Die Richtlinie bedarf hingegen der Transformation in nationales Recht und ist demnach nicht unmittelbar anwendbar.
5. Welche Funktion haben Richtlinien?	**5.** Sie dienen der Rechtsangleichung der Rechtsordnungen in den Mitgliedstaaten. Die Richtlinien verpflichten die Mitgliedstaaten, innerstaatliches Recht zu beseitigen, zu modifizieren, neu zu schaffen oder beizubehalten, um einen vergleichbaren Rechtsstandard in allen Mitgliedstaaten zu erreichen.
6. Dürfen die Mitgliedstaaten die Vorgaben der Richtlinien überschreiten?	**6.** Ja! Man spricht von einer überschießenden Umsetzung, wenn die Mitgliedstaaten nicht nur den Rechtsstandard der Richtlinie umsetzen, sondern über diesen kleinsten gemeinsamen Nenner hinausgehen.
7. Können Richtlinien unmittelbare Wirkung entfalten?	**7.** Ausnahmsweise ja, aber nur zwischen Bürger und Staat und nur zugunsten des Bürgers (sog. vertikale Direktwirkung), wenn ein Umsetzungsfehler vorliegt, die Richtlinie hinreichend bestimmt und inhaltlich unbedingt ist.
8. Was kennzeichnet Empfehlungen und Stellungnahmen?	**8.** Beide Handlungsformen sind nicht verbindlich für die Unionsorgane, an die sie gerichtet werden.

2. Abschnitt: Rechtsetzungsverfahren

Rechtsetzungsverfahren für das sekundäre Unionsrecht

Da das primäre Unionsrecht – in erster Linie – von den Mitgliedstaaten der EU durch den Abschluss völkerrechtlicher Verträge geschlossen wird, gibt es hierfür kein festgeschriebenes Verfahren. Vielmehr werden große Änderungen der Verträge im Rahmen der Sitzungen des Europäischen Rates ausgehandelt und zum Teil auf Sondergipfeln feierlich verabschiedet. Anders verhält es sich mit dem sekundären Unionsrecht: Dieses wird von den Organen der EU aufgrund von Ermächtigungen in den Verträgen erlassen. Für dieses regeln die Verträge deshalb nicht nur das „Ob" des Erlasses von Unionsrecht, sondern auch das „Wie". Die als **Gesetzgebungsakte** bezeichneten Verordnungen, Richtlinien und Beschlüsse (Art. 289 Abs. 3 AEUV) werden im **ordentlichen** oder im **besonderen Gesetzgebungsverfahren** erlassen.

A. Die Verbandskompetenz der EU

Grundlagen der Verbandskompetenz der EU

Die Organe der EU können nur auf den Sachgebieten sekundäres Unionsrecht erlassen, hinsichtlich derer der EU die **Verbandskompetenz** zusteht (dazu einführend oben S. 8). Mangels eigener Souveränität ist es der EU dabei nicht möglich, selbst über ihre Kompetenzausstattung zu entscheiden, sie ist vielmehr abhängig von einer Zuständigkeitsübertragung durch die Mitgliedstaaten. Diesen Umstand spiegelt das **Prinzip der begrenzten Einzelermächtigung** aus Art. 5 Abs. 1, Abs. 2 EUV wider: Die EU besitzt nur dort die Verbandskompetenz, wo ihr diese von den Mitgliedstaaten kraft vertraglicher Regelung im EUV oder AEUV (sog. **geschriebene Unionskompetenzen**) oder daraus abgeleiteten ungeschriebenen Grundsätzen (sog. **ungeschriebenen Unionskompetenzen**) übertragen worden ist. Alle übrigen, nicht übertragenen Kompetenzen verbleiben bei den Mitgliedstaaten.

! ***Hinweis:*** *Dieser Punkt ist mit der Gesetzgebungskompetenz des deutschen Gesetzgebers vergleichbar. Die Konstruktion auf europäischer Ebene ist mit derjenigen der Art. 70 ff. GG vergleichbar: Grundsätzlich steht den Mitgliedstaaten die Gesetzgebungskompetenz zu, außer sie haben diese im Rahmen der europäischen Gründungsverträge auf die EU übertragen.*

I. Geschriebene Unionskompetenzen

Kompetenztitel des AEUV

Mithilfe der geschriebenen Kompetenztitel, die in den Art. 2–6 AEUV zu finden sind, wird die Verbandskompetenz hinsichtlich der dort aufgezählten Sachgebiete auf die EU übertragen. Dabei wird zwischen **ausschließlicher** und **geteilter Unionskompetenz** unterschieden.

Ausschließliche Unionskompetenz

- Die **ausschließliche Unionskompetenz** gilt für die in Art. 3 AEUV aufgezählten Sachgebiete (z.B. die gemeinsame Handels- und Währungspolitik) und führt dazu, dass ausschließlich die EU zur Rechtsetzung auf diesen Gebieten befugt ist. Die Kompetenzübertragung entfaltet also **Sperrwirkung** hinsichtlich der Rechtsetzungskompetenz der Mitgliedstaaten, wie sich insbesondere aus Art. 2 Abs. 1 AEUV ergibt.

  !

  Hinweis: *Diese Konzeption entspricht in etwa derjenigen der **ausschließlichen Gesetzgebungskompetenz des Bundes in den Art. 71, 73 GG**! Während Art. 73 GG die einzelnen Sachmaterien in Form von Kompetenztiteln aufzählt – was der Regelung in Art. 3 Abs. 1, Abs. 2 AEUV entspricht – erläutert Art. 71 GG die Bedeutung der Übertragung der ausschließlichen Gesetzgebungskompetenz auf den Bund. Diese Funktion übernimmt auf europäischer Ebene die Regelung des Art. 2 AEUV.*

Geteilte Unionskompetenz

- Die **geteilte Unionskompetenz** (auch **konkurrierende Unionskompetenz** genannt), gilt für die in Art. 4 AEUV aufgezählten Sachgebiete (z.B. Binnenmarkt und Sozialpolitik) und stellt den **Regelfall der Verbandskompetenz der EU** dar. Im Bereich der geteilten Unionskompetenz haben sowohl die EU als auch die Mitgliedstaaten grundsätzlich das Recht zur Rechtsetzung (vgl. Art. 2 Abs. 2 S. 1 AEUV). Allerdings besitzt die EU eine Art **„Recht des ersten Zugriffs“**: Sobald die EU auf einem bestimmten Sachgebiet Rechtsvorschriften erlassen hat, entfällt nach Art. 2 Abs. 2 S. 2 AEUV das Recht der Mitgliedstaaten, eben auf diesem Gebiet Rechtsvorschriften zu erlassen. Erst wenn die EU entscheidet, für die Zukunft auf ihre Kompetenz auf einem Sachgebiet zu verzichten, lebt das Recht der Mitgliedstaaten zur Rechtsetzung wieder auf (vgl. Art. 2 Abs. 2 S. 3 AEUV).

  !

  Hinweis: *Damit ist die geteilte Unionskompetenz mit der **konkurrierenden Gesetzgebungskompetenz des Bundes aus Art. 72, 74 GG** vergleichbar, wenngleich eine Art. 72 Abs. 2 GG entsprechende Regelung fehlt.*

Parallele Unionskompetenz als besondere Ausprägung der geteilten Unionskompetenz

- Als besondere Ausprägung der geteilten Unionskompetenz wird die **parallele Unionskompetenz** eingeordnet. Sie ist in Art. 4 Abs. 3, Abs. 4 AEUV geregelt. Der Unterschied zur geteilten Unionskompetenz besteht darin, dass das „Recht des ersten Zugriffs“ und die durch den Zugriff ausgelöste Sperrwirkung entfällt. EU und Mitgliedstaaten sind auf den von der parallelen

Unionskompetenz erfassten Sachgebieten (z.B. Raumfahrt, Entwicklungszusammenarbeit) parallel zur Rechtsetzung befugt. Sobald sich EU-Rechtsvorschriften und nationale Rechtsvorschriften überschneiden und unterschiedlichen Inhalts sind, wird die Kollision durch den **Anwendungsvorrang des Unionsrechts** (dazu ausführlich oben S. 11 f.) zugunsten des Unionsrechts gelöst. Das nationale Recht muss in diesem Fall entweder unionsrechtskonform ausgelegt werden oder wird sogar vollständig durch das Unionsrecht verdrängt.

II. Ungeschriebene Unionskompetenzen

Geschriebene Unionskompetenzen als Regelfall

Das Prinzip der begrenzten Einzelermächtigung spricht auf den ersten Blick dafür, der EU nur dort die Verbandskompetenz zuzusprechen, wo ihr die Sachkompetenzen durch die Mitgliedstaaten in einem **geschriebenen Kompetenztitel** übertragen worden sind. Deshalb ergibt sich die Zuständigkeit der EU in der Regel nur dort, wo ein ausdrücklicher geschriebener Kompetenztitel als ausschließliche oder geteilte Unionskompetenz existiert.

Implied-powers-Theorie

Trotzdem ist anerkannt, dass sich die Verbandskompetenz der EU – ausnahmsweise – auch aus **ungeschriebenen Kompetenztiteln** ergeben kann. Ein Verstoß gegen das Prinzip der begrenzten Einzelermächtigung aus Art. 5 Abs. 1, Abs. 2 EUV liegt hierin aber nicht, da sich die ungeschriebenen Kompetenzen nicht etwa aus Gewohnheitsrecht oder ähnlichem, sondern aus einer **weiten Auslegung geschriebener Kompetenztitel** ergeben. Man spricht hier von der **implied-powers-Theorie**: Die geschriebenen Kompetenztitel enthalten danach zugleich diejenigen Zuständigkeiten, bei deren Fehlen sie sinnlos wären oder nicht in vernünftiger oder zweckmäßiger Weise zur Anwendung gelangen könnten. Damit kann die EU die Verbandskompetenz auf Bereichen erlangen, die ihr nicht übertragen wurden (Kompetenz kraft Sachzusammenhangs), als auch zum Erlass von Verfahrens- oder Durchführungsvorschriften befugt sein (Annexkompetenz) oder in Bereichen tätig werden, die von den Mitgliedstaaten allein sinnvollerweise nicht bewältigt werden können (Kompetenz kraft Natur der Sache).

! ***Hinweis:*** *Damit entspricht die implied-powers-Theorie den ungeschriebenen Gesetzgebungskompetenzen, wie sie Ihnen aus dem deutschen Staatsorganisationsrecht bekannt sind. Auch dort wird aufgrund der Regelung in Art. 70 GG, der eine ausdrückliche Kompetenzübertragung auf den Bundesgesetzgeber erfordert, von einer weiten Auslegung bestehender Kompetenztitel ausgegangen.*

B. Ordentliches Gesetzgebungsverfahren

Sofern nicht ein besonderes Gesetzgebungsverfahren ausdrücklich angeordnet ist, werden Verordnungen, Richtlinien und Beschlüsse im **ordentlichen Gesetzgebungsverfahren** erlassen. Dieses Verfahren ist damit der **Regelfall**.

Ordentliches Gesetzgebungsverfahren als Regelfall

I. Initiativrecht

Grundsätzlich steht allein der **Kommission** das Recht zu, das ordentliche Gesetzgebungsverfahren durch eine entsprechende Initiative einzuleiten, sie hat das **Initiativmonopol** (vgl. Art. 17 Abs. 2 S. 1 EUV, Art. 289 Abs. 1 S. 1 AEUV).

Initiativmonopol

Ein **mittelbares Initiativrecht** besitzen das **Europäische Parlament** (Art. 225 S. 1 AEUV) und der **Rat** (Art. 241 S. 1 AEUV): Sie können die Kommission auffordern, eine Initiative einzubringen. Allerdings ist die Kommission nicht verpflichtet, auf die Aufforderung auch wirklich tätig zu werden. Vielmehr steht ihr ein weiter **Ermessensspielraum** zu. Schließt sich die Kommission der Empfehlung nicht an, muss sie dem Parlament bzw. dem Rat die Gründe mitteilen, aufgrund derer sie die Aufforderung nicht in einer Gesetzesinitiative umsetzt (vgl. Art. 225 S. 2, 241 S. 2 AEUV).

Mittelbares Initiativrecht

Nur ausnahmsweise kommt das Recht der Initiative anderen Unionsorganen zu. Dies ist meistens dann der Fall, wenn die Initiative eine Vorschrift zum Gegenstand hat, die das jeweilige Organ selbst betrifft.

Ausnahmsweise Durchbrechung des Initiativmonopols

Beispiele: Europäisches Parlament nach Art. 223 Abs. 2 AEUV zur Wahrnehmung der Aufgaben seiner Mitglieder; Europäische Zentralbank zur Änderung der Satzung der EZB nach Art. 129 Abs. 3 AEUV

II. Verfahrensablauf

Der Ablauf des ordentlichen Gesetzgebungsverfahrens ergibt sich aus Art. 294 AEUV, der erkennen lässt, dass dieses Verfahren als **Zwei-Kammer-Verfahren** ausgestaltet ist: Die erste Kammer bildet das **Europäische Parlament**, die zweite Kammer bildet der **Rat**. Beide Kammern stehen sich in diesem Verfahren gleichrangig gegenüber, beide haben denselben Einfluss auf das Zustandekommen und den Inhalt des jeweiligen Gesetzgebungsaktes.

Zwei-Kammer-Verfahren

Hinweis: *Insofern unterscheidet sich das europäische Rechtsetzungsverfahren vom deutschen Gesetzgebungsverfahren. Dort sind zwar auch Bundestag und Bundesrat beteiligt, aber der Bundesrat ist nicht gleichrangig, sondern wirkt nur bei der Rechtsetzung des Bundes mit*

!

(vgl. Art. 50 GG). Der Bundesrat kann deshalb vom Bundestag verabschiedeten Gesetzen nur zustimmen bzw. die Zustimmung verweigern oder Einspruch gegen Gesetze einlegen (vgl. Art. 78 GG). Die Konstruktion des Gesetzgebungsverfahrens auf EU-Ebene entspricht eher dem Zwei-Kammer-System in Großbritannien (Ober- und Unterhaus).

1. Stellungnahmen

Stellungnahmen von anderen EU-Organen

Bevor die Gesetzesinitiative dem Europäischen Parlament und dem Rat zugeleitet werden, sind in einzelnen Fällen **Stellungnahmen** vorgeschrieben. Der Inhalt der Stellungnahmen bindet die am Gesetzgebungsverfahren beteiligten Organe zwar nicht; wird aber keine Stellungnahme eingeholt, obwohl diese verbindlich vorgeschrieben ist, stellt dies einen schwerwiegenden Fehler dar, der zur Nichtigkeit des Gesetzgebungsaktes führt.

Beispiel: Stellungnahme des Wirtschafts- und Sozialausschusses sowie des Ausschusses der Regionen bei Gesetzesvorhaben zur Umweltpolitik, Art. 192 Abs. 1 AEUV

2. Zuleitung und Lesungen

Einleitung des Gesetzgebungsverfahrens und Lesungen im Europäischen Parlament und dem Rat

Nach Art. 294 Abs. 2 AEUV hat die Kommission ihre Initiative zugleich dem Europäischen Parlament und dem Rat zuzuleiten. Hinsichtlich der Abstimmung – hier ebenso wie im deutschen Staatsorganisationsrecht „Lesung" genannt – hat das Europäische Parlament das „Recht des ersten Zugriffs" und übermittelt seinen Standpunkt dem Rat, Art. 294 Abs. 3 AEUV. Der weitere Verfahrensablauf hängt nun vom Rat ab: Stimmt der Rat der Initiative ebenso wie das Europäische Parlament zu, kommt der Gesetzgebungsakt bereits nach der **ersten Lesung** in beiden Kammern zustande, Art. 294 Abs. 4 AEUV. Sofern der Rat der Beschlussvorlage nicht zustimmt, sondern Änderungen vornimmt, geht das Gesetzgebungsvorhaben in die **zweite Lesung** bei dem Europäischen Parlament – das wiederum den Änderungen zustimmen oder selbst Änderungen vornehmen kann, vgl. Art. 294 Abs. 7 AEUV. Sollte nach der zweiten Lesung keine Einigung erzielt worden sein, kann der Rat den **Vermittlungsausschuss** anrufen, Art. 294 Abs. 8 lit. b AEUV. Dessen Vorschlag kann dann ggf. in **dritter Lesung** beide Kammern passieren, anderenfalls ist das Gesetzgebungsverfahren ohne Gesetzgebungsakt beendet, vgl. Art. 294 Abs. 10-12 AEUV.

! ***Klausurhinweis:*** *Hinsichtlich des Gesetzgebungsverfahrens müssen Sie allenfalls die Grundsätze beherrschen, um auf vergleichende Betrachtungen mit dem deutschen Verfassungsrecht antworten zu kön-*

nen. Die Überprüfung des Gesetzgebungsverfahrens auf EU-Ebene ist selten Klausurgegenstand.

C. Besondere Gesetzgebungsverfahren

Anhörungs- und Zustimmungsverfahren als besondere Gesetzgebungsverfahren

Als besondere Gesetzgebungsverfahren kennen die Verträge das **Anhörungsverfahren** und das **Zustimmungsverfahren**. Beide Verfahren finden nur dann anstelle des ordentlichen Gesetzgebungsverfahrens statt, wenn sie in den Verträgen ausdrücklich angeordnet werden.

Beispiel: Anhörungsverfahren nach Art. 192 Abs. 2 lit. a AEUV bei Umweltvorschriften, die überwiegend steuerlicher Art sind

Kein Zwei-Kammer-Verfahren

Die besonderen Gesetzgebungsverfahren unterscheiden sich dadurch vom ordentlichen Gesetzgebungsverfahren, dass das Europäische Parlament und der Rat **nicht gleichberechtigt** am Gesetzgebungsverfahren mitwirken, vgl. Art. 289 Abs. 2 AEUV.

- Im **Anhörungsverfahren** ist nur eine Stellungnahme (Anhörung) des Europäischen Parlamentes und ggf. weiterer Organe erforderlich. Der **Beschluss** des Gesetzgebungsaktes erfolgt allein durch den **Rat**.

- Im **Zustimmungsverfahren** kann entweder das Europäische Parlament oder der Rat zur Rechtsetzung berufen sein. Das jeweilige Organ benötigt in diesen Fällen die **Zustimmung** des jeweils anderen Organs. Abweichend vom ordentlichen Gesetzgebungsorgan beschränkt sich die Mitwirkung des zustimmungsberechtigten Organs auf die Abgabe oder Verweigerung dieser Erklärung; ein Gestaltungsspielraum oder sonstige Einflussmöglichkeit im Gesetzgebungsverfahren besteht nicht.

D. Abschlussverfahren und Inkrafttreten

Abschlussverfahren als letzter Akt vor dem Inkrafttreten

Unabhängig davon, in welchem Gesetzgebungsverfahren ein Gesetzgebungsakt zustande gekommen ist, gelten für den Akt dieselben Vorschriften hinsichtlich des **Abschlussverfahrens**, die zu erfüllen sind, damit der Gesetzgebungsakt in Kraft treten kann.

Begründung

- Jeder Gesetzgebungsakt bedarf nach Art. 296 Abs. 2 AEUV einer **Begründung**. Sie dient dazu, die an der Gesetzgebung beteiligten Organe zur Selbstkontrolle hinsichtlich Inhalt und Sinn des Gesetzgebungsaktes anzuhalten und die Kontrolle durch den Gerichtshof zu erleichtern. Inhalt und Umfang der Begründung sind jedoch nicht geregelt. Die Begründung muss **schriftlich** mit dem Gesetzgebungsakt in einer Urkunde erfolgen.

Unterzeichnung

- Je nach Gesetzgebungsverfahren sind die Gesetzgebungsakte vom Präsidenten des Europäischen Parlaments und/oder vom Präsidenten des Rates zu **unterzeichnen**, Art. 297 Abs. 1 UAbs. 1, UAbs. 2 AEUV.

Veröffentlichung und Inkrafttreten

- Im letzten Schritt werden die Gesetzgebungsakte im Amtsblatt der EU **veröffentlicht**, Art. 297 Abs. 1 UAbs. 3 S. 1 AEUV. Die Veröffentlichung ist maßgeblich für das **Inkrafttreten** des Gesetzgebungsaktes: Sofern dieser einen bestimmten Zeitpunkt für sein Inkrafttreten nicht selbst vorsieht, tritt er am zwanzigsten Tag nach der Veröffentlichung in Kraft, Art. 297 Abs. 1 UAbs. 3 S. 2 AEUV.

3. Abschnitt: Vollzug des Unionsrechts

Unterscheidung von Rechtsetzungs- und Vollzugskompetenz

Obwohl das Unionsrecht von den Organen der EU erlassen wird, sind diese nicht zwangsläufig zur Umsetzung des Unionsrechts berufen. Vielmehr bildet der **Vollzug des Unionsrechts durch den mitgliedstaatlichen Verwaltungsapparat** den **Regelfall** (vgl. Art. 197 Abs. 1, 291 Abs. 1 AEUV). Denn auch hinsichtlich des Vollzugs des Unionsrechts gilt das Prinzip der begrenzten Einzelermächtigung mit der Folge, dass die EU und ihre Organe nur dort tätig werden dürfen, wo ihnen das Unionsrecht ausdrücklich die Vollzugskompetenz zuweist.

!

Die EU ist für den Normerlass, die Mitgliedstaaten (in der Regel) für den Normvollzug zuständig!

Im deutschen Staatsorganisationsrecht regeln die Art. 83 ff. GG ebenfalls, dass grundsätzlich die Länder bzw. deren Behörden zur Umsetzung des Bundesrechts berufen sind.

A. Indirekter Vollzug

Indirekter Vollzug als Regelfall

Der o.g. Regelfall – Vollzug durch mitgliedstaatliche Behörden – wird auch als **indirekter Vollzug** des Unionsrechts bezeichnet. Je nachdem, welche Vorschriften des Unionsrechts durchgeführt werden müssen, wird zwischen unmittelbarem und mittelbarem indirekten Vollzug unterschieden.

I. Unmittelbar indirekter Vollzug

Vollziehung unmittelbar geltenden Unionsrechts

Unmittelbar indirekter Vollzug liegt vor, wenn die Behörden eines Mitgliedstaates **unmittelbar anwendbares Unionsrecht** – also Verordnungen oder nicht (rechtzeitig) umgesetzte Richtlinien – vollziehen. Da die unionsrechtlichen Vorschriften die **Vollzugs-**

kompetenz nicht einem konkreten Hoheitsträger zuweisen werden, zieht man in Deutschland die **Art. 83 ff. GG analog** heran, um zu klären, ob die Ausführung durch Bundes- oder Landesbehörden erfolgt. Dies hat zur Folge, dass – je nach zuständiger Behörde – das Verwaltungsverfahrensgesetz (VwVfG) des Bundes oder des jeweiligen Landes Anwendung findet und die Grundlage für das einzuhaltende Verwaltungsverfahren bildet.

II. Mittelbar indirekter Vollzug

Vollzug unionsrechtlich determinierten nationalen Rechts

Mittelbar indirekter Vollzug ist gegeben, wenn nationales Recht ausgeführt wird, das durch Unionsrecht determiniert ist. Hierbei handelt es sich also insbesondere um solche Vorschriften, die aufgrund von Vorgaben in Richtlinien geschaffen wurden. Hierbei finden die Art. 83 ff. GG unmittelbare Anwendung zur Ermittlung, welche Behörde das jeweilige Recht vollziehen muss. Gleiches gilt für die Verfahrensvorschriften, wobei die Vorschriften des VwVfG ggf. durch spezielle Verfahrensvorschriften überlagert werden, die aufgrund von Vorgaben des zu transformierenden Unionsrechts im nationalen Fachrecht geschaffen wurden.

B. Direkter Vollzug

Direkter Vollzug durch EU-Organe

Der **direkte Vollzug** findet statt

- im **unionsinternen Bereich** hinsichtlich der Personalverwaltung, des Haushaltsvollzugs (vgl. Art. 317 Abs. 1 AEUV) und der unionsinternen Organisation,
- im **unionsexternen Bereich**, also hinsichtlich der Verwaltungsaufgaben, die auch Mitgliedstaaten oder die Unionsbürger unmittelbar betreffen
  - im Wettbewerbsrecht (Art. 105, 106 Abs. 3 AEUV),
  - im Beihilferecht (Art. 108 AEUV),
  - für die Handelspolitik (Art. 206 f. AEUV) und
  - für die Sozialpolitik (Art. 163 AEUV).

Verwaltungskompetenz und Verfahrensvorschriften

Im unionsexternen Bereich ist die **Kommission** zum Vollzug des Unionsrechts berufen, im Übrigen die betroffenen Organe. Ein einheitliches Verwaltungsverfahrensrecht existiert nicht; vielmehr finden von der Rechtsprechung entwickelte Grundsätze Anwendung. Diese entsprechen vielfach deutschen Verwaltungsgrundsätzen (Verhältnismäßigkeit, Gesetzmäßigkeit, Vertrauensschutz, etc.).

1. Wem steht das Initiativrecht im Gesetzgebungsverfahren zu?

1. Die Kommission verfügt über das sog. Initiativmonopol, kann also als einziges Organ das Gesetzgebungsverfahren einleiten. Über ein mittelbares Initiativrecht verfügen das Europäische Parlament und der Rat, die die Kommission zu Initiativen auffordern können.

2. Wodurch zeichnet sich das ordentliche Gesetzgebungsverfahren aus?

2. Durch eine gleichberechtigte Teilhabe von Europäischem Parlament und Rat. Nur wenn zwischen beiden Einigkeit hinsichtlich eines Gesetzesvorhabens der Union erzielt werden kann, kommen die jeweiligen Vorschriften zustande.

3. Welche besonderen Gesetzgebungsverfahren gibt es?

3. Das Anhörungs- und das Zustimmungsverfahren, in denen entweder das Parlament oder der Rat einen Gesetzgebungsakt erlässt, nachdem sie das jeweils andere Organ angehört oder dessen Zustimmung eingeholt haben.

4. Warum müssen alle Rechtsakte mit einer Begründung versehen werden?

4. Die Begründungsverpflichtung aus Art. 296 Abs. 2 AEUV soll die Organe zum einen zur Selbstkontrolle anhalten, da diese bei Abfassung der Begründung gezwungen sind, Inhalt und Sinn des jeweiligen Rechtsakts zu überdenken. Zum anderen soll dem Gerichtshof die Rechtskontrolle durch die Begründung möglich gemacht und erleichtert werden.

5. Zwischen welchen Vollzugsarten unterscheidet das Unionsrecht?

5. Die Verträge unterscheiden zwischen dem Vollzug durch Organe der Union (sog. direkter Vollzug) und dem Vollzug durch Institutionen der Mitgliedstaaten (sog. indirekter Vollzug).

6. Wann ist die Union bzw. sind ihre Organe zur Vollsreckung des Unionsrechts berufen?

6. Das Prinzip der begrenzten Einzelermächtigung führt dazu, dass die Union das von ihr geschaffene Recht nur dort vollziehen darf, wo ihr die Kompetenz dafür zugeschrieben worden ist. Direkter Vollzug findet dementsprechend nur dort statt, wo die Union kraft ausdrücklicher Regelung für den Vollzug zuständig ist.

7. Welche Verwaltungsvorschriften finden auf den direkten Vollzug des Unionsrechts Anwendung?

7. Eine einheitliche Regelung des Verwaltungsverfahrens existiert für die Union nicht. Vielmehr lassen sich die Verwaltungsgrundsätze zum einen den speziellen Vorgaben des europäischen Sekundärrechts, zum anderen den vom Gerichtshof entwickelten allgemeinen Rechtsgrundsätzen entnehmen.

4. Abschnitt: Grundfreiheiten

Klausurhinweis: *Die Grundfreiheiten sind der Klausurklassiker schlechthin! Sie sollten daher sowohl die Grundstrukturen als auch die Besonderheiten der einzelnen Grundfreiheiten beherrschen, um in der Klausur zu bestehen!*

!

A. Bedeutung der Grundfreiheiten

Ausgangspunkt: gemeinsamer Binnenmarkt

Dass die EU als Mittel zur Koordinierung und Förderung der wirtschaftlichen Zusammenarbeit ihrer Mitgliedstaaten entstanden ist, sieht man ganz besonders an einem ihrer Hauptziele, das inzwischen weitestgehend erreicht ist: dem gemeinsamen und freien **Binnenmarkt**, Art. 3 Abs. 3 EUV. Nach Art. 26 Abs. 2 AEUV umfasst der Binnenmarkt einen Raum ohne Binnengrenzen, in dem der freie Verkehr von Waren, Personen, Dienstleistungen und Kapital gemäß den Bestimmungen der Verträge gewährleistet ist.

Grundfreiheiten als Schutz und Absicherung des Binnenmarktes

Mit dieser Legaldefinition sind bereits die Grundfreiheiten beschrieben: Warenverkehrsfreiheit, Arbeitnehmerfreizügigkeit, Niederlassungsfreiheit, Dienstleistungsfreiheit und Kapital- und Zahlungsverkehrsfreiheit, geregelt in den Art. 34 ff. AEUV. Sie dienen der **Absicherung des freien Binnenmarktes** gegen beeinträchtigende Maßnahmen der Mitgliedstaaten. Denn diese haben sich zwar zur Teilnahme an einem freien Binnenmarkt verpflichtet, arbeiten aber teilweise aus eigenen Interessen gegen die Verwirklichung dieses Ziels. Der freie Binnenmarkt sorgt nämlich zwar einerseits für Verbesserungen auf dem Wirtschaftssektor, kann aber auch durch Verlagerung von Produktionsstätten und erhöhtem Wettbewerb dafür sorgen, dass die Wirtschaft in einigen Mitgliedstaaten nicht gleichsam wie in anderen Mitgliedstaaten wächst. Es muss also verhindert werden, dass die Mitgliedstaaten in Form von Protektionismus oder Behinderung ausländischer Waren, Personen und Dienstleistungen gegen den freien Binnenmarkt arbeiten.

Grundfreiheiten als spezielle Ausprägung des Diskriminierungsverbotes

Vor diesem Hintergrund erklärt sich auch die dogmatische **Herkunft** oder Ableitung der Grundfreiheiten: Sie stellen eine spezielle Ausprägung des **Diskriminierungsverbotes** aus Art. 18 AEUV (s.o. S. 25 ff.) für das Wirtschaftsgebiet dar.

!

Hinweis: *Verwechseln Sie die Grundfreiheiten des AEUV nicht mit den Grundrechten der GRCh! Die Grundfreiheiten richten sich primär als Verbot (eindrücklich: Art. 34 AEUV) an die Mitgliedstaaten und enthalten lediglich als Regelungsreflex subjektive Rechte der Unionsbürger. Die Grundrechte begründen primär Freiheiten der Unionsbürger und* *bewirken nur als Regelungsreflex Eingriffshemmnisse für die Mitgliedstaaten und die Unionsorgane.*

B. Einheitliches Prüfungsschema

Konvergenz der Grundfreiheiten

Für die einzelnen Grundfreiheiten hat sich, obwohl der jeweilige Anknüpfungspunkt und die Zielsetzung zum Teil sehr unterschiedlich sind, ein einheitliches Prüfungsschema mit einheitlicher dogmatischer Struktur herausgebildet. Man spricht insofern von der **Konvergenz der Grundfreiheiten**.

!

Klausurhinweis: *Terminologie und Aufbau orientieren sich – wenngleich mit wichtigen Abweichungen, auf die noch eingegangen wird – an den Grundrechten. Regelmäßig nicht zu prüfen ist die Anwendbarkeit der Grundfreiheiten: Zum Teil sieht das Primärrecht spezielle Vorschriften vor (z.B. verdrängen die Art. 38 ff. AEUV über landwirtschaftliche Erzeugnisse die allgemeine Warenverkehrsfreiheit aus Art. 34 AEUV), zum Teil können im Sekundärrecht Regelungen erlassen werden (z.B. Harmonisierungsmaßnahmen nach Art. 114 ff. AEUV). Diese werden aber in der Regel durch den Bearbeitungsvermerk ausgeschlossen!*

Prüfungsschema: Grundfreiheiten

I. Schutzbereich
1. Sachlicher Schutzbereich: Kernbegriff
2. Persönlicher Schutzbereich
3. Räumlicher Schutzbereich: grenzüberschreitender Bezug

II. Eingriff

III. Rechtfertigung
1. Ggf. Bereichsausnahme
2. Geschriebene Einschränkungsmöglichkeit („Schranken")
3. Ungeschriebene Einschränkungsmöglichkeiten („immanente Schranken)
4. Unionsrechtskonforme Konkretisierung, Beachtung z.B. der Verhältnismäßigkeit

I. Schutzbereich

Schutzbereich

Über den Schutzbereich umschreibt die jeweilige Grundfreiheit, was den Mitgliedstaaten verboten ist und wer sich auf die sich daraus ergebenden Freiheiten berufen kann. Die Prüfungsreihenfolge innerhalb des Schutzbereichs kann je nach Grundfreiheit variieren, es kommt allerdings immer auf drei Punkte an:

- **Sachlicher Schutzbereich:** Er dient der Abgrenzung der einzelnen Grundfreiheiten untereinander und beschreibt, was erlaubt bzw. dem Mitgliedstaat verboten ist. Orientieren Sie sich dabei an dem im Wortlaut der Grundfreiheit vorgegebenen **Kernbegriff** (z.B. Ware, Dienstleistung).

Sachlicher Schutzbereich

- **Persönlicher Schutzbereich:** Er regelt, wer sich auf die Grundfreiheit berufen kann. Die Grundfreiheiten gelten stets für **Unionsbürger**, also natürliche Personen mit der Staatsangehörigkeit eines Mitgliedstaates der EU. Der Geltungsbereich einiger Grundfreiheiten ist auf **Personenmehrheiten** oder **juristische Personen** erweitert (vgl. Art. 54 AEUV).

Persönlicher Schutzbereich

- **Räumlicher Schutzbereich:** Die Grundfreiheiten gelten nur innerhalb des Binnenmarktes und nicht innerhalb der nationalen Märkte. Deshalb sind die Freiheiten nur dort einschlägig, wo der Sachverhalt einen **grenzüberschreitenden Bezug** aufweist.

Räumlicher Schutzbereich

II. Eingriff

1. Mitgliedstaatliches Verhalten

Mitgliedstaaten als primäre Adressaten der Grundfreiheiten

Eine allgemeine Eingriffsdefinition, wie man sie beispielsweise aus dem Bereich der deutschen Grundrechte gewohnt ist, existiert im Rahmen der Grundfreiheiten nicht. Allerdings liegt der Dogmatik auf Unionsebene dieselbe Idee zugrunde wie im Rahmen der deutschen Grundrechte: Ein bestimmtes Verhalten muss dazu führen, dass sich die aus dem Schutzbereich der jeweiligen Grundfreiheit folgenden Rechte nicht in vollem Umfang ausüben lassen. Das eingreifende Verhalten muss dabei primär von einem **Mitgliedstaat** oder seinen Organen ausgehen, sie sind die primären **Adressaten** der Grundfreiheiten.

!

Hinweis: *Hier ergibt sich die erste Vergleichbarkeit zur deutschen Grundrechtsdogmatik: Ein Eingriff in den Schutzbereich der Grundrechte nach dem GG liegt nach dem modernen Eingriffsbegriff auch nur für den Fall vor, dass die Beeinträchtigung staatlichem Verhalten zurechenbar ist. Dies folgt ebenfalls aus der sich aus Art. 1 Abs. 3 GG ergebenden Bindung staatlicher Organe an die Grundrechte.*

Keine Flucht ins Privatrecht

Die Mitgliedstaaten können sich ihrer Bindung an die Grundfreiheiten nicht dadurch entziehen, dass sie bestimmte beeinträchtigende Aufgaben an juristische Personen des Privatrechts delegieren. Es gilt auch hier der Grundsatz: **Keine Flucht ins Privatrecht!** Ableiten lässt sich dieser Grundsatz aus Art. 106 Abs. 1 AEUV, der bestimmt, dass von den Mitgliedstaaten mit der Wahrnehmung von Aufgaben betraute Unternehmen, auf die sie bestimmenden Einfluss ausüben können, das Diskriminierungsverbot aus Art. 18 AEUV beachten müssen. Da die Grundfreiheiten nichts anderes sind, als spezielle Ausprägungen des Diskriminierungsverbotes für einen bestimmten Bereich, lässt sich der Anwendungsbereich des Art. 106 Abs. 1 AEUV insoweit ausdehnen.

Erweiterung des Anwendungsbereichs der Grundfreiheiten

Allerdings nimmt die h.M. an, dass die Grundfreiheiten sich nicht nur an die Mitgliedstaaten richten, sondern auch an die **EU und ihre Organe**, sodass auch deren Verhalten in den Schutzbereich der Grundfreiheiten eingreifen kann. Nur ausnahmsweise und für bestimmte Grundfreiheiten ist darüber hinaus eine **unmittelbare Drittwirkung**, also die Anwendbarkeit der Grundfreiheiten zwischen Unionsbürgern, anerkannt.

2. Spezielle Eingriffsbegriffe

Spezielle Eingriffsbegriffe

Zum Teil schreiben die Grundfreiheiten **spezielle Eingriffsbegriffe** vor. Diese gehen, da im Wortlaut verankert, den allgemeinen Erwägungen vor, sodass in einer Klausur nur Ausführungen zum speziellen Eingriffsbegriff erforderlich sind.

Beispiel: Mengenmäßige Einfuhrbeschränkungen oder Maßnahmen gleicher Wirkung, Art. 34 AEUV

3. Diskriminierungsverbot

Eingriff durch Diskriminierung

Ist ein spezieller Eingriffsbegriff nicht vorhanden, liegt ein Eingriff vor, wenn Unionsbürger wegen ihrer Staatsangehörigkeit bzw. Waren und Kapital wegen ihrer Herkunft durch Maßnahmen gegenüber Inländern bzw. inländischen Waren und Kapital benachteiligt werden – kurz gesagt: wenn eine **Diskriminierung** vorliegt. Eine solche Schlechterstellung ist in Form einer offenen und einer versteckten Diskriminierung möglich:

- Eine **offene Diskriminierung** liegt vor, wenn die Benachteiligung unmittelbar an die **Staatsangehörigkeit** bzw. die Herkunft angeknüpft wird.
- Von einer **versteckten Diskriminierung** spricht man hingegen, wenn nationale Vorschriften oder Maßnahmen nicht direkt an die Staatsangehörigkeit als Unterscheidungskriterium anknüpfen, aber die vermeintlich objektiv gewählten Unterscheidungskriterien i.d.R. nur durch EU-Ausländer erfüllt werden und des-

halb beinahe ausschließlich zu einer Schlechterstellung der EU-Ausländer führen.

Beispiel: Anknüpfung der Nachteile an Wohnsitz oder Sprachkenntnisse

4. Beschränkungsverbot

Eingriff durch sonstige Beschränkung

Über das Diskriminierungsverbot hinaus hat der Gerichtshof die Grundfreiheiten zu einem **allgemeinen Beschränkungsverbot** ausgeweitet. Ein Eingriff liegt deshalb heute bereits dann vor, wenn staatliche Maßnahmen die Ausübung der jeweiligen Grundfreiheit unmittelbar oder mittelbar, tatsächlich oder potenziell behindern – ohne eine Diskriminierung zu enthalten.

Diese sog. **Dassonville-Formel** entwickelte der Gerichtshof zur Warenverkehrsfreiheit und weitete sie dann auf die übrigen Grundfreiheiten aus.

III. Rechtfertigung

Eingriff durch sonstige Beschränkung

Allerdings bewirkt nicht jede Diskriminierung oder sonstige Beschränkung eine Verletzung der Grundfreiheit. Vielmehr können die Eingriffe **gerechtfertigt** werden.

1. Geschriebene Rechtfertigungsgründe

Einschränkungsmöglichkeit

Der AEUV bestimmt selbst zu den einzelnen Grundfreiheiten in **geschriebenen Rechtfertigungsgründen**, zu welchen Zielen die mitgliedstaatlichen Gesetzgeber die Grundfreiheiten ausnahmsweise einschränken dürfen. Die geschriebenen Rechtfertigungsgründe stellen damit eine **Einschränkungsmöglichkeit** dar, die durch den nationalen Gesetzgeber mit Leben gefüllt und konkretisiert werden muss.

!

Hinweis: *Auch diese Terminologie sollte Ihnen aus dem Bereich der Grundrechte bekannt sein! Die Grundrechte sind einschränkbar, wobei die Einschränkungsmöglichkeit vom Gesetzgeber konkretisiert werden muss (z.B. Art. 8 Abs. 2 GG, konkretisiert durch VersammlG).*

Enge Auslegung der Rechtfertigungsgründe

Die geschriebenen Rechtfertigungsgründe sind im Umfeld der Grundfreiheiten geregelt und werden bei deren Darstellung erläutert. Generell gilt: Die Rechtfertigungsgründe sollen kein genereller Freibrief für die Verkürzung des Schutzes sein, den die Grundfreiheiten bieten. Denn sonst wäre der Binnenmarkt in Gefahr. Dies bewirkt eine sehr **enge Auslegung** der Gründe, zugunsten derer die Mitgliedstaaten die Grundfreiheiten einschränken dürfen. Eingriffe in die Grundfreiheiten sollen die Ausnahme bleiben und nicht zur Regel werden!

2. Ungeschriebene Rechtfertigungsgründe

Ungeschriebene Rechtfertigungsgründe als Kompensation des erweiterten Eingriffsbegriffs

Die geschriebenen Rechtfertigungsgründe sind – bereits nach ihrem Wortlaut – nur auf eine geringe Anzahl von Fällen anzuwenden oder sogar aufgrund der ursprünglichen Konstruktion der Grundfreiheiten als Diskriminierungsverbote darauf zugeschnitten, gerade nur diskriminierende Eingriffe zu rechtfertigen. Da der Gerichtshof nunmehr aber auch sonstige, nicht diskriminierende Beschränkungen der Grundfreiheiten als Eingriff ansieht, ist die Anzahl möglicher Eingriffe in den Schutzbereich der Grundfreiheiten erheblich angestiegen. Deshalb **erweiterte** der Gerichtshof auch die Möglichkeiten der **Rechtfertigung** durch die Anerkennung **ungeschriebener Rechtfertigungsgründe**. Nach der Rechtsprechung des Gerichtshofs sind deshalb Eingriffe in den Schutzbereich von Grundfreiheiten auch dann gerechtfertigt, wenn kein geschriebener Rechtfertigungsgrund eingreift, sofern der Eingriff aus **zwingenden Erfordernissen** bzw. **zwingenden Gründen des Allgemeininteresses** erfolgt ist. Diese unbestimmten Rechtsbegriffe werden vom Gerichtshof durch einzelne Fallgruppen konkretisiert, die kontinuierlich weiterentwickelt werden.

Beispiele: Lauterkeit des Handelsverkehrs, Schutz der öffentlichen Gesundheit, Verbraucherschutz, Schutz von Arbeitnehmern, Verkehrssicherheit

!

Klausurhinweis: *Sie sollten stets mit der Prüfung der geschriebenen Rechtfertigungsgründe beginnen. Erst wenn diese im konkreten Fall nicht eingreifen, besteht ein Bedürfnis für die Rechtfertigung über einen ungeschriebenen Rechtfertigungsgrund!*

3. Einschränkungen des Mitgliedstaates („Schranken-Schranken")

Grundsatz der Verhältnismäßigkeit

Der jeweilige Mitgliedstaat ist bei Eingreifen eines Rechtfertigungsgrundes indes nicht völlig frei in den Maßnahmen, die er auf den Rechtfertigungsgrund stützt. Bei der Konkretisierung der Einschränkungsmöglichkeit unterliegt der nationale Gesetzgeber vielmehr bestimmten Einschränkungen – den sog. Schranken-Schranken. Dies hat zur Folge, dass nicht jeder Eingriff gerechtfertigt werden kann, auch wenn er legitime Ziele verfolgt. Die wichtigste Grenze des nationalen Gesetzgebers bildet der **Grundsatz der Verhältnismäßigkeit**: Der Eingriff in den Schutzbereich der Grundfreiheit ist danach nur gerechtfertigt, wenn er geeignet ist, die Verwirklichung des mit ihm verfolgten Zwecks zu gewährleisten, und nicht über das hinausgeht, was zur Erreichung dieses Zwecks erforderlich ist.

! ***Klausurhinweis:*** *Wie sich bereits aufgrund der Definition erahnen lässt, prüft der Gerichtshof im Rahmen der Verhältnismäßigkeit zwar den legitimen Zweck, die Geeignetheit und die Erforderlichkeit – nicht jedoch die Angemessenheit! Vielmehr nimmt er die erforderliche Abwägung zwischen den widerstreitenden Positionen im Rahmen der Erforderlichkeit vor! Sie sollten den Prüfungspunkt „Angemessenheit" in Ihren Klausuren nicht verwenden, da dies den Anschein erweckt, Sie seien mit den europarechtlichen Besonderheiten nicht vertraut!*

C. Warenverkehrsfreiheit

Warenverkehrsfreiheit als dogmatisches Vorbild für die übrigen Grundfreiheiten

Die Warenverkehrsfreiheit aus Art. 34 ff. AEUV ist die wichtigste und am häufigsten in der Rechtsprechung des Gerichtshofs geprüfte Grundfreiheit.

Prüfungsschema: Warenverkehrsfreiheit

I. Schutzbereich
1. Sachlicher und räumlicher Schutzbereich: EU-Ware mit grenzüberschreitendem Bezug
2. Persönlicher Schutzbereich: keine Einschränkung

II. Eingriff
1. Mengenmäßige Einfuhrbeschränkung
2. Maßnahme gleicher Wirkung

III. Rechtfertigung
1. Geschriebener Rechtfertigungsgrund, Art. 36 AEUV
   a) Grund des Allgemeininteresses
   b) Verhältnismäßigkeit des Eingriffs
   c) Keine willkürliche Diskriminierung oder verschleierte Beschränkung, Art. 36 S. 2 AEUV
2. Cassis-Formel
   a) Keine Diskriminierung
   b) Zwingender Grund des Gemeinwohls
   c) Verhältnismäßigkeit des Eingriffs

I. Schutzbereich

1. Sachlicher Schutzbereich

Kernbegriff: Ware

Geschützt werden **Waren** i.S.d. Art. 28 Abs. 2 AEUV. Der Begriff wird **weit ausgelegt**, sodass hierunter alle körperlichen Gegenstände fallen, die einen Geldwert haben und Gegenstand rechtmäßiger Handelsgeschäfte sein können.

Die weite Auslegung führt dazu, dass auch nicht im engeren Sinne körperliche Gegenstände vom Warenbegriff erfasst werden, wie z.B, Strom/Elektrizität.

In den Mitgliedstaaten produziert oder dort im Handel

Diese Gegenstände werden indes nur geschützt, wenn sie **in einem Mitgliedstaat produziert** worden sind oder sich, wenn sie in Drittländern produziert wurden, **in den Mitgliedstaaten im freien Verkehr** befinden. Letzteres ist der Fall, wenn die Waren rechtmäßig und unter Erfüllung aller Voraussetzungen in den Mitgliedstaat eingeführt worden sind, vgl. Art. 29 AEUV. Der **grenzüberschreitende Bezug** ist gegeben, wenn die Ein- oder Ausfuhr von Waren in einen Mitgliedstaat der EU betroffen ist (vgl. Art. 34, 35 AEUV).

2. Persönlicher Schutzbereich

Kein persönlicher Schutzbereich

Die Art. 34 ff. AEUV schützen unmittelbar nur die Ware und nicht den Produzenten; dieser nimmt nur mittelbar am Schutz der Warenverkehrsfreiheit teil. Die Warenverkehrsfreiheit stellt deshalb nach h.M. eine **Produktverkehrsfreiheit** und keine Personenverkehrsfreiheit dar. Deshalb verfügt die Warenverkehrsfreiheit über **keinen persönlichen Schutzbereich**. Neben Unionsbürgern können sich deshalb auch Drittstaatsangehörige und juristische Personen ohne Einschränkungen auf die Warenverkehrsfreiheit berufen.

II. Eingriff

Besondere Eingriffsbegriffe bei der Warenverkehrsfreiheit

Die Vorschriften über die Warenverkehrsfreiheit geben **besondere Eingriffsbegriffe** vor, sodass die sonst gebräuchlichen Begriffe der „Diskriminierung" oder der „Beschränkung" nicht auftauchen.

1. Mengenmäßige Einfuhrbeschränkung

Verbringungsverbot und Kontingentierung

Nach Art. 34 Alt. 1 AEUV stellen im nationalen Recht vorgesehene **mengenmäßige Einfuhrbeschränkungen** einen Eingriff in die Warenverkehrsfreiheit dar. Derartige Beschränkungen liegen vor, wenn die Einfuhr einer Ware vollständig verboten (sog. **Verbringungsverbot**) oder nach Menge, Wert oder Zeitraum begrenzt wird (sog. **Kontingentierung**). Hierin liegt ein schwerwiegender Eingriff, da den ausländischen Produzenten durch derartige Regelungen der gleiche Zugang zum jeweiligen Markt in dem betroffenen Mitgliedstaat unmöglich gemacht oder zumindest gegenüber inländischen Produzenten deutlich erschwert wird.

2. Maßnahmen gleicher Wirkung

Dassonville-Formel

Maßnahmen gleicher Wirkung wie mengenmäßige Einfuhrbeschränkungen stellen nach Art. 34 Alt. 2 AEUV ebenfalls Eingriffe in die Warenverkehrsfreiheit dar. Hierunter fällt nach der sog. **Dassonville-Formel** (benannt nach dem Verfahrensbeteiligten eines Verfahrens vor dem Gerichtshof) zunächst jede Maßnahme oder Regelung der Mitgliedstaaten, die geeignet ist, den unionsinternen **Handel unmittelbar oder mittelbar, tatsächlich oder potenziell zu behindern**.

Einschränkung mithilfe der Keck-Formel

Allerdings wird gerade bei dem letzten Teil der Formel – potenzielle Handelsbehinderung – deutlich, dass sich damit beinahe jede Maßnahme, die sich auf eingeführte Waren bezieht, als Eingriff in die Warenverkehrsfreiheit darstellt. Deshalb begrenzt der Gerichtshof die Reichweite der Dassonville-Formel mit der einschränkenden **Keck-Formel**: Danach sollen nationale Bestimmungen, die bestimmte **Verkaufsmodalitäten** beschränken oder verbieten, keine Maßnahme gleicher Wirkung darstellen. Verkaufsmodalitäten sind solche Vorschriften, welche die Art und Weise des Vertriebs eines Produkts bestimmen. Sie stellen jedenfalls dann keinen Eingriff dar, wenn sie inländische wie ausländische Erzeugnisse in gleichem Maße betreffen und sich auf sie auswirken. Die nicht als Eingriff qualifizierten Maßnahmen werden deshalb auch als **diskriminierungsfreie Verkaufsmodalitäten** bezeichnet.

Beispiele: Ladenöffnungszeiten, Vertriebswege, Preisgestaltung

Hingegen sollen **produktbezogene Regelungen**, also solche Maßnahmen, die an die Merkmale oder den Inhalt der Ware selbst anknüpfen, auch nach der Keck-Formel weiterhin als Eingriff anzusehen sein.

Beispiele: Vorschriften über Bezeichnung, Form, Abmessung, Gewicht, Zusammensetzung, Etikettierung, Verpackung

3. Verbot von Ausfuhrbeschränkungen

Geringe Relevanz der Komplementärvorschrift zu Art. 34 AEUV

Art. 35 AEUV erweitert den Eingriffsbegriff dahingehend, dass auch **mengenmäßige Ausfuhrbeschränkungen** und **Maßnahmen gleicher Wirkung** als Eingriff in die Warenverkehrsfreiheit anzusehen sind. Diese Komplementärvorschrift zu Art. 34 AEUV hat jedoch geringe praktische Relevanz, da sie in der Rechtsprechung des Gerichtshofs lediglich als Verbot der Inländerprivilegierung durch Ausfuhrbeschränkungen verstanden wird. Das Verbot steht mitgliedstaatlichen Maßnahmen entgegen, die spezifische Beschränkungen der Ausfuhrströme bezwecken oder bewirken und damit unterschiedliche Bedingungen für den Binnenhandel innerhalb eines Mitgliedstaates und seinen Außenhandel schaffen, sodass die nationalen Produkte oder der Binnenmarkt des betreffenden Staates einen besonderen Vorteil erlangen.

III. Rechtfertigung

1. Geschriebener Rechtfertigungsgrund

a) Gründe des Allgemeininteresses

Rechtfertigende Gründe des Allgemeininteresses

Für die Warenverkehrsfreiheit enthält **Art. 36 S. 1 AEUV** einen geschriebenen Rechtfertigungsgrund. Danach sind solche Eingriffe gerechtfertigt, die von den Mitgliedstaaten aus folgenden **Gründen des Allgemeininteresses** erlassen wurden:

- der öffentlichen Sittlichkeit, Ordnung und Sicherheit,

  Zugunsten der **öffentlichen Sicherheit** können Mitgliedstaaten eingreifen, wenn es um die für die Existenz eines Staates wesentlichen Fragen der inneren oder äußeren Sicherheit geht. Zugunsten der **öffentlichen Ordnung** kann beschränkt werden, wenn eine tatsächliche und hinreichend schwere Gefährdung vorliegt, die ein Grundinteresse der Gesellschaft berührt. Die **öffentliche Sittlichkeit** wird hingegen vom Gerichtshof nicht definiert. Er überlässt es den Mitgliedstaaten, diesen Begriff unter Rückgriff auf ihre eigene Werteordnung auszufüllen.

- zum Schutz der Gesundheit und des Lebens von Menschen, Tieren und Pflanzen,

  Den höchsten Rang unter diesen Allgemeininteressen nimmt der **Gesundheits- und Lebensschutz** ein. In diesem Bereich wird den Mitgliedstaaten ein besonders weiter **Spielraum** zugebilligt, innerhalb dessen sie bestimmen können, auf welchem Niveau sie ihre Bürger schützen wollen. Allerdings muss jeweils nachgewiesen sein, dass von einer bestimmten Ware eine tatsächliche und wissenschaftlich belegte Gefahr für die Gesundheit der Bevölkerung ausgeht; bloße Behauptungen genügen nicht.

- zum Schutz des nationalen Kulturgutes von künstlerischem, geschichtlichem oder archäologischem Wert oder

  Dieser Rechtfertigungsgrund zielt auf das – legitime – Bedürfnis der Mitgliedstaaten, Kunstwerke und sonstige Zeugnisse aus früheren Zeiten, die in den jeweiligen Mitgliedstaat entstanden sind, im Besitz zu behalten. Deshalb verfügen viele Mitgliedstaaten über normierte Ausfuhrverbote oder Vorkaufsrechte staatlicher Stellen.

- zum Schutz des gewerblichen und kommerziellen Eigentums.

  Hierunter fallen alle Rechte an der Ware, die ihrem Inhaber eine nicht nur privatrechtliche, sondern durch den Staat oder durch seine Mitwirkung verliehene abwehrfähige Ausschließlichkeitsposition einräumen. **Beispiel:** Patent- und Markenrecht

!

Klausurhinweis: *Auch wenn bereits oben darauf hingewiesen wurde – die hier angeführten Rechtfertigungsgründe müssen* ***eng ausgelegt*** *werden! Besonders deutlich wird dies bei der Rechtfertigung aus Gründen der öffentlichen Ordnung oder Sicherheit: Diese fungieren – wie die o.g. Definitionen zeigen – nicht als generalklauselartige Schutzgüter, wie Sie es aus Ihrer Klausur zum Polizei- und Ordnungsrecht und der Anwendung der gefahrenabwehrrechtlichen Generalklausel gewohnt sind.*

b) Schranken-Schranken

Einschränkungen bei der Konkretisierung des Rechtfertigungsgrundes

Selbst wenn einer der Rechtfertigungsgründe des Art. 36 S. 1 AEUV eingreift, ist nicht jeder darauf gestützte Eingriff gerechtfertigt. Vielmehr muss der Mitgliedstaat den **Grundsatz der Verhältnismäßigkeit** beachten, der nach der Rechtsprechung des Gerichtshofs aus Art. 36 S. 2 AEUV abgeleitet werden kann. Diese Vorschrift fungiert zugleich – wenn auch mit geringer Relevanz – als weitere Schranken-Schranke: Den Mitgliedstaaten ist es untersagt, **willkürlich zu diskriminieren**, also ausländische Waren ohne sachlichen Grund anders zu behandeln als inländische Waren. Sie dürfen zudem keine **verschleierten Beschränkungen** einsetzen, um Protektionismus hinsichtlich einheimischer Waren zu betreiben.

2. Cassis-Formel

Herleitung des ungeschriebenen Rechtfertigungsgrundes (Cassis-Formel)

Kommt keiner der in Art. 36 S. 1 AEUV genannten Gründe zur Rechtfertigung in Betracht, kann auch ein **ungeschriebener Rechtfertigungsgrund** eingreifen. Die Anerkennung ungeschriebener Rechtfertigungsgründe ist eine Konsequenz der Erweiterung des Eingriffsbegriffs: Wenn nach der Dassonville-Formel beinahe alle Maßnahmen, die auch nur geringfügige Auswirkungen auf den freien Warenverkehr haben können, bereits als Eingriff zu werten sind, die geschriebenen Rechtfertigungsgründe aber eng ausgelegt werden, ist die Warenverkehrsfreiheit häufig verletzt. Die weite Auslegung des Eingriffsbegriffs muss demnach mit einer Erweiterung der Rechtfertigungsmöglichkeiten kompensiert werden. In seiner **Cassis-de-Dijon-Entscheidung** führte der Gerichtshof deshalb erstmalig einen ungeschriebenen Rechtfertigungsgrund ein, der seitdem als **Cassis-Formel** bezeichnet wird: Danach sind Hemmnisse für den freien Binnenhandel der EU gerechtfertigt, soweit die nationalen Regelungen **unterschiedslos** für in- und ausländische Waren gelten und **notwendig** sind, um **zwingenden Erfordernissen** gerecht zu werden.

a) Unterschiedslos geltende Maßnahme

Keine Rechtfertigung diskriminierender Maßnahmen

Die Cassis-Formel rechtfertigt nur solche Handelshemmnisse, die **nicht diskriminierend** sind, also ihrer Ausgestaltung nach gleichermaßen für inländische wie für ausländische Waren zur Anwendung kommen.

b) Zwingende Erfordernisse

Zwingende Erfordernisse als ausfüllungsbedürftiger unbestimmter Rechtsbegriff

Der Mitgliedstaat muss das jeweilige Handelshemmnis einführen, um damit **zwingenden Erfordernissen** genüge zu tun. Letztlich handelt es sich hierbei um nichts anderes als die allgemeine Umschreibung weiterer Gründe des Allgemeininteresses (vgl. Art. 36 S. 1 AEUV), weshalb die Cassis-Formel nach h.M. nur dort eingreift, wo eine Rechtfertigung nach Art. 36 S. 1 AEUV ausscheidet. Der Begriff der „zwingenden Erfordernisse" ist ein **unbestimmter Rechtsbegriff**, den der Gerichtshof in seiner Rechtsprechung mit Leben füllt. Anerkannt wurden bislang insbesondere solche Handelshemmnisse, die zur Durchsetzung einer wirksamen steuerlichen Kontrolle, zum Schutz der öffentlichen Gesundheit, zum Schutz der Lauterkeit des Handelsverkehrs, zum Verbraucher- und Umweltschutz, zum Schutz geistigen Eigentums, der Arbeitnehmer, der sozialen Sicherungssysteme und zur Sicherung des Straßenverkehrs vorgenommen wurden.

!

Klausurhinweis: *Die vorstehende Aufzählung von anerkannten zwingenden Erfordernissen ist zwar* ***nicht abschließend****, jedoch wird in der Klausur von Ihnen nicht verlangt, dass Sie eine neue Fallgruppe entwickeln. Vielmehr sollen Sie zeigen, dass Sie sich argumentativ mit den Hinweisen im Sachverhalt auseinandersetzen können!*

c) Schranken-Schranken

Nur verhältnismäßige Beschränkungen sind notwendig

Das unterschiedslos geltende Handelshemmnis muss letztlich auch **notwendig** sein. Dieser Begriff wird als Platzhalter für die **Verhältnismäßigkeit** verstanden: Nur solche den freien Warenverkehr behindernden Maßnahmen sind notwendig, die eine verhältnismäßige Beschränkung enthalten. Für die Prüfung der Verhältnismäßigkeit gelten dabei gegenüber der obigen allgemeinen Darstellung (S. 84) keine Besonderheiten.

Check: Einführung in die Grundfreiheiten, Warenverkehrspflicht

1. Was sichern die Grundfreiheiten?	**1.** Die Grundfreiheiten sichern und garantieren den freien Binnenmarkt. Dieser beschreibt den Markt innerhalb der Außengrenzen der Union, also den Markt zwischen den Mitgliedstaaten.
2. Was sind EU-Waren?	**2.** Waren i.S.d. Art. 28 Abs. 2 AEUV sind alle körperlichen Gegenstände, die einen Geldwert haben und Gegenstand rechtmäßiger Handelsgeschäfte sein können. Sie müssen aus den Mitgliedstaaten stammen oder sich in diesen im freien Verkehr befinden.
3. Ist die Warenverkehrsfreiheit hinsichtlich des persönlichen Schutzbereichs eingeschränkt?	**3.** Nein! Nach h.M. stellt die Warenverkehrsfreiheit eine Produktverkehrsfreiheit dar, sodass eine Prüfung oder Einschränkung des persönlichen Schutzbereichs nicht erforderlich ist. Folglich können sich neben Unionsbürgern auch Drittstaatsangehörige und juristische Personen auf die Warenverkehrsfreiheit berufen.
4. Wann liegt eine mengenmäßige Einfuhrbeschränkung i.S.d. Art. 34 Alt. 1 AEUV vor?	**4.** Eine mengenmäßige Einfuhrbeschränkung liegt vor, wenn die Einfuhr einer Ware vollständig verboten (sog. Verbringungsverbot) oder nach Menge, Wert oder Zeitraum begrenzt wird (sog. Kontingentierung).
5. Wann liegt eine Maßnahme gleicher Wirkung i.S.d. Art. 34 Alt. 2 AEUV vor?	**5.** Als Maßnahme gleicher Wirkung ist nach der Dassonville-Formel des Gerichtshofs jede Maßnahme oder Regelung der Mitgliedstaaten anzusehen, die geeignet ist, den unionsinternen Handel unmittelbar oder mittelbar, tatsächlich oder potenziell zu behindern.
6. Wie wird die Reichweite der Dassonville-Formel begrenzt?	**6.** Durch die Keck-Formel des Gerichtshofs. Durch sie werden nationale Bestimmungen, die bestimmte Verkaufsmodalitäten beschränken oder verbieten, aus dem Eingriffsbegriff ausgenommen. Verkaufsmodalitäten sind dabei solche Vorschriften, welche die Art und Weise des Vertriebs eines Produkts bestimmen. Hingegen stellen produktbezogene Regelungen weiterhin einen Eingriff dar.
7. Wann können Eingriffe außerhalb von Art. 36 AEUV gerechtfertigt werden?	**7.** Nach der sog. Cassis-Formel (ungeschriebener Rechtfertigungsgrund), wenn es sich um ein mitgliedstaatliches Handelshemmnis handelt, das für alle Waren unterschiedslos gilt und aufgrund zwingender Erfordernisse notwendig ist.

D. Arbeitnehmerfreizügigkeit

Arbeitnehmerfreizügigkeit als Ausprägung der allgemeinen Freizügigkeit

Die Arbeitnehmerfreizügigkeit nach den Art. 45 ff. AEUV ist eine der **Personenverkehrsfreiheiten**. Da sie den freien Verkehr von Personen im Zusammenhang mit fremdbestimmter Tätigkeit garantiert, wird sie als besondere Ausprägung der allgemeinen Freizügigkeit aus Art. 21 AEUV (siehe dazu oben S. 22 ff.) angesehen.

Prüfungsschema: Arbeitnehmerfreizügigkeit

I. Schutzbereich
1. Persönlicher Schutzbereich: Arbeitnehmer aus den Mitgliedstaaten (Unionsbürger)
2. Sachlicher Schutzbereich: einheitliches Recht der Arbeitnehmerfreizügigkeit
3. Grenzüberschreitender Bezug
4. Keine Bereichsausnahme für Beschäftige der öffentlichen Verwaltung

II. Eingriff
1. Diskriminierung
2. Sonstige Beschränkung

III. Rechtfertigung
1. Geschriebener Rechtfertigungsgrund, Art. 45 Abs. 3 AEUV
   a) Öffentliche Ordnung, Sicherheit, Gesundheit
   b) Verhältnismäßigkeit des Eingriffs
2. Ungeschriebener Rechtfertigungsgrund
   a) Zwingender Grund des Allgemeininteresses
   b) Verhältnismäßigkeit des Eingriffs

I. Schutzbereich

! ***Aufbau:*** *Da sich der Schutzbereich primär an der Einordnung eines Unionsbürgers als Arbeitnehmer orientiert, wird – anders als sonst üblich – der persönliche vor dem sachlichen Schutzbereich geprüft!*

1. Persönlicher Schutzbereich

Begriff des Arbeitnehmers

Auf die sachlichen Gewährleistungen des Art. 45 AEUV kann sich nur berufen, wer Arbeitnehmer und zugleich Unionsbürger, also im Besitz der Staatsangehörigkeit eines Mitgliedstaates, ist. Der Begriff des Arbeitnehmers wird dabei **unionsrechtlich** bestimmt: Hierunter fällt jeder, der während einer bestimmten Zeit für einen anderen nach dessen Weisung Leistungen erbringt, für die er als Gegenleistung eine Vergütung erhält. Um einen möglichst weiten Schutzbereich zu erreichen, werden die einzelnen Merkmale des Arbeitnehmerbegriffs **weit ausgelegt**. Dies sieht man insbesondere am Merkmal der Leistung: Nach der Rechtsprechung des Gerichtshofs hat grundsätzlich jede Tätigkeit für einen Arbeitgeber einen messbaren wirtschaftlichen Wert und löst somit die Verpflichtung zur Gegenleistung aus, sodass auch untergeordnete geringfügige Tätigkeiten ausreichen.

Beispiel: Arbeitnehmereigenschaft besitzen Referendare im Lehramt sowie Rechtsreferendare trotz der untergeordneten Eingliederung im Rahmen eines Ausbildungsverhältnisses.

Abgrenzung zur Dienst- und Niederlassungsfreiheit

Die **Abgrenzung zur Dienst- und Niederlassungsfreiheit** erfolgt über das Merkmal der **Weisungsgebundenheit**. Diese ist gegeben, wenn ein Dritter dem Arbeitnehmer die zu erbringenden Leistungen und die Arbeitszeit vorschreibt und der Arbeitnehmer die Anordnungen des Dritten zu befolgen hat. Von der Dienst- und Niederlassungsfreiheit werden hingegen nur selbstständige Tätigkeiten erfasst.

Da die Reisefreiheiten nur an die Personen anknüpfen, die selbst Arbeitnehmerstatus haben, sind die Rechte der Familienangehörigen nicht erfasst. Diesen wird ein Aufenthaltsrecht aus den besonderen Vorschriften der sog. Freizügigkeitsrichtlinie (RL 2004/38/EG) zuteil, die in Deutschland durch das Freizügigkeitsgesetz/EU umgesetzt worden ist.

2. Sachlicher Schutzbereich

Einheitliches Recht auf Arbeitnehmerfreizügigkeit

Der sachliche Schutzbereich umfasst zunächst ein Gleichbehandlungsrecht mit inländischen Arbeitnehmern hinsichtlich Entlohnung und den übrigen Arbeitsbedingungen, Art. 45 Abs. 2 AEUV. Die weiteren Begleitrechte der Arbeitnehmerfreizügigkeit ergeben sich aus Art. 45 Abs. 3 AEUV. Um Abgrenzungsschwierigkeiten innerhalb der einzelnen Rechte des Abs. 3 – Bewerbung und Einreise zu diesem Zweck, Aufnahme einer Beschäftigung, Aufenthalt während der Beschäftigung, Verbleiberecht nach der Beschäftigung – zu vermeiden, werden die Gewährleistungen zu einem **einheitlichen Recht auf Arbeitnehmerfreizügigkeit** zusammengefasst.

3. Grenzüberschreitender Bezug

Nur bei grenzüberschreitenden Sachverhalten

Aus Art. 45 Abs. 2 AEUV lässt sich ableiten, dass die Arbeitnehmerfreizügigkeit ihre schützende Wirkung nur dort entfaltet, wo ein **grenzüberschreitender Sachverhalt** gegeben ist. Ein Gleichbehandlungsanspruch mit inländischen Arbeitnehmern macht nur für diejenigen Arbeitnehmer Sinn, die aus dem europäischen Ausland in den jeweiligen Mitgliedstaat zum Zwecke ihrer Tätigkeit einreisen. Dabei spielt es keine Rolle, ob der Arbeitnehmer während seiner Tätigkeit im jeweiligen Mitgliedstaat verbleibt oder ob er nur zum Zwecke der Tätigkeit ein- und zum Feierabend wieder ausreist, er also seinen Wohnsitz in einem anderen Mitgliedstaat hat und beibehält (sog. Grenzgängersituation).

! ***Hinweis:*** *Die umgekehrte Diskriminierung, also die Schlechterstellung von Inländern (auch Inländerdiskriminierung genannt), wird nach h.M. von Art. 45 AEUV nicht erfasst. Derartige Sachverhalte weisen keinen Bezug zum Unionsrecht, sondern nur zum nationalen Recht auf.*

4. Keine Bereichsausnahme

Bereichsausnahme für Beschäftigte in der öffentlichen Verwaltung

Obwohl sie von der Definition her als Arbeitnehmer anzusehen sind, können sich **Beschäftigte in der öffentlichen Verwaltung** aufgrund der Regelung in Art. 45 Abs. 4 AEUV nicht auf die Arbeitnehmerfreizügigkeit berufen. Diese **Bereichsausnahme** wird **eng ausgelegt** und erfasst nur solche Bediensteten des Staates, deren Tätigkeit die unmittelbare oder mittelbare Teilnahme an der Ausübung hoheitlicher Befugnisse beinhaltet und die Tätigkeit Aufgaben mit sich bringt, die auf die Wahrung der allgemeinen Belange des Staates oder anderer öffentlich-rechtlicher Körperschaften gerichtet sind. Durch die Vorschrift kommt zum Ausdruck, dass es den Mitgliedstaaten erlaubt sein soll, bestimmte Tätigkeiten im Rahmen der staatlichen Organe den eigenen Staatsangehörigen vorzubehalten, weil diese Aufgaben nur von Personen erfüllt werden können, die vermittels ihrer Staatsangehörigkeit über eine besondere Beziehung zu dem Staat verfügen. Der Gerichtshof spricht insofern vom „Staatsangehörigkeitsband".

! ***Klausurhinweis:*** *Die Bereichsausnahme hat zur Folge, dass trotz Vorliegens des persönlichen und sachlichen Schutzbereichs und des grenzüberschreitenden Bezugs der Schutzbereich des Art. 45 AEUV dort nicht eröffnet ist, wo die Bereichsausnahme eingreift.*

II. Eingriff

Kein spezieller Eingriffsbegriff

Anders als die Warenverkehrsfreiheit aus Art. 34 AEUV verfügt die Arbeitnehmerfreizügigkeit nach Art. 45 AEUV über **keinen speziellen Eingriffsbegriff**. Ein Eingriff liegt deshalb in allen offenen oder versteckten Diskriminierungen sowie sonstigen Beschränkungen der durch Art. 45 Abs. 2 und Abs. 3 AEUV garantierten Rechte.

1. Diskriminierung

Offene Diskriminierung

Das Diskriminierungsverbot folgt unmittelbar aus Art. 45 Abs. 2 AEUV. Danach stellt jede auf der Staatsangehörigkeit beruhende unterschiedliche Behandlung der Arbeitnehmer in Bezug auf Beschäftigung, Entlohnung und sonstige Arbeitsbedingungen einen Eingriff in der Form einer **offenen Diskriminierung** dar.

Versteckte Diskriminierung

Die Mitgliedstaaten greifen aber nicht nur in den Schutzbereich der Arbeitnehmerfreizügigkeit ein, wenn sie ausdrücklich an das Kriterium der Staatsangehörigkeit anknüpfen. Dieses enge Eingriffsverständnis hätte zur Folge, dass sich das Diskriminierungsverbot zu leicht umgehen ließe. Zudem zwingt auch der Wortlaut des Art. 45 Abs. 2 AEUV nicht zu einer solch engen Auslegung, spricht er doch nur von auf der Staatsangehörigkeit beruhenden Behandlungen, nicht aber von ausschließlich an sie anknüpfenden. Deshalb liegt ein Eingriff auch bei **versteckten Diskriminierungen** vor. Diese zeichnen sich dadurch aus, dass sie zwar nicht an die Staatsangehörigkeit anknüpfen, sich aber eher auf EU-Arbeitnehmer als auf inländische Arbeitnehmer auswirken und folglich die Gefahr besteht, dass sie EU-Arbeitnehmer besonders benachteiligen und davon abhalten, von ihrem Recht auf Freizügigkeit Gebrauch zu machen. Auch derartige Diskriminierungen beruhen noch auf der Staatsangehörigkeit der Arbeitnehmer.

Beispiele: Wohnsitzerfordernis, Spracherfordernisse

!

Klausurhinweis: *Die Differenzierung zwischen offener und versteckter Diskriminierung ist erforderlich, da sie sich auf die Anforderungen auswirkt, nach denen eine Rechtfertigung möglich ist! Offene Diskriminierungen können nur durch geschriebene, versteckte Diskriminierungen und sonstige Beschränkungen (auch) durch ungeschriebene Rechtfertigungsgründe gerechtfertigt werden!*

2. Sonstige Beschränkung

Arbeitnehmerfreizügigkeit als umfassendes Beschränkungsverbot

Darüber hinaus bejaht der Gerichtshof einen Eingriff in die Arbeitnehmerfreizügigkeit auch bei solchen nationalen Regelungen, die zwar ohne Diskriminierung aus Gründen der Staatsangehörigkeit anwendbar, aber geeignet sind, die **Ausübung der Arbeitnehmerfreizügigkeit** durch einen Unionsbürger **zu behindern oder weniger attraktiv zu machen** (sog. Gebhard-Formel). Damit liegt ein Eingriff – kurz gesagt – auch bei **sonstigen Beschränkungen** vor, die nicht aufgrund der Staatsangehörigkeit erfolgen. Allerdings hat die Beschränkung nur dann Eingriffsqualität, wenn sie den **Zugang der EU-Arbeitnehmer zum Arbeitsmarkt** betrifft.

3. Unmittelbare Drittwirkung

Adressaten der Arbeitnehmerfreizügigkeit

Grundsätzlich richtet sich die Arbeitnehmerfreizügigkeit – wie die übrigen Grundfreiheiten auch – an die **Mitgliedstaaten** mit der Folge, dass nur deren Maßnahmen Eingriffsqualität besitzen. Für die Arbeitnehmerfreizügigkeit ist allerdings eine teilweise **unmittelbare Drittwirkung** anerkannt, d.h. die Arbeitnehmerfreizügigkeit bindet auch Private (natürliche wie juristische Personen) und wirkt sich unmittelbar auf deren Rechtsbeziehungen aus. Dies gilt nach der Rechtsprechung des Gerichtshofs und h.M. jedoch nur für Maßnahmen, die eine **kollektive Regelung im Arbeits- und Dienstleistungsbereich** enthalten (z.B. Verbandsregeln oder Tarifvertragsregeln). Ansonsten hätten Vereinigungen und sonstige Einrichtungen, die nicht unmittelbar zur staatlichen Verwaltung gehören, die Möglichkeit, die Arbeitnehmerfreizügigkeit erheblich einzuschränken. Folglich können auch derartige Regelungen einen Eingriff in die Arbeitnehmerfreizügigkeit darstellen, wenngleich sie nicht unmittelbar den Mitgliedstaaten zurechenbar sind.

III. Rechtfertigung

1. Geschriebener Rechtfertigungsgrund

ordre-public-Vorbehalt

Art. 45 Abs. 3 AEUV enthält nicht nur eine Auflistung von Freiheiten, die der Schutzbereich der Arbeitnehmerfreizügigkeit umfasst. Er bestimmt ganz zu Beginn auch, dass Eingriffe aus Gründen der öffentlichen Ordnung, Sicherheit und Gesundheit (sog. **ordre-public-Vorbehalt**) gerechtfertigt werden können.

- Der Begriff der **öffentlichen Ordnung** wird genauso ausgelegt wie in Art. 36 S. 1 AEUV (siehe dazu oben S. 88).

- Die **öffentliche Sicherheit** umfasst sowohl die innere als auch die äußere Sicherheit des Mitgliedstaates. Eingriffe können zur Erhaltung des staatlichen Gewaltmonopols, zum Schutz der Existenz des Mitgliedstaates und seiner zentralen Einrichtungen vor inneren wie äußeren Bedrohungen gerechtfertigt werden.

- Die **öffentliche Gesundheit** kann eine die Arbeitnehmerfreizügigkeit beschränkende Maßnahme nur rechtfertigen, wenn Krankheiten mit epidemischem Potenzial oder sonstige übertragbare, durch Infektionserreger oder Parasiten verursachte Krankheiten zum Anlass genommen werden und Maßnahmen zum Schutz der Staatsangehörigen des Aufnahmemitgliedstaates getroffen werden.

Aufgrund seiner systematischen Stellung ist der Rechtfertigungsgrund aus Art. 45 Abs. 3 AEUV nur bei offen diskriminierenden Maßnahmen der Mitgliedstaaten **anwendbar**. Gleichwohl erstreckt die h.M. die Anwendung des geschriebenen Rechtfertigungsgrundes auch auf versteckte Diskriminierungen und nicht diskriminierende Beschränkungen. Hintergrund ist ein **Erst-recht-Schluss**: Wenn durch die Vorschrift bereits offene Diskriminierungen gerechtfertigt werden können, müssen erst recht weniger eingriffsintensive Maßnahmen einer Rechtfertigung zugänglich sein.

Vollumfängliche Anwendbarkeit des geschriebenen Rechtfertigungsgrundes

Gleichsam bleibt es bei der **engen Auslegung** des Art. 45 Abs. 3 AEUV. Gerade diskriminierende Beschränkungen der Arbeitnehmerfreizügigkeit sollen die absolute Ausnahme bleiben, wäre sonst doch der gemeinsame Binnenmarkt gefährdet.

Enge Auslegung des Rechtfertigungsgrundes

2. Ungeschriebener Rechtfertigungsgrund

Greift der geschriebene Rechtfertigungsgrund des Art. 45 Abs. 3 AEUV nicht ein, kommt gleichwohl eine Rechtfertigung in Betracht.

Ungeschriebener Rechtfertigungsgrund

Dies gilt aber nach h.M. nur für versteckte Diskriminierungen und für nicht diskriminierende sonstige Beschränkungen!

!

Angelehnt an die aus der Warenverkehrsfreiheit bekannte Cassis-Formel erkennt der Gerichtshof eine Rechtfertigung an, wenn die mitgliedstaatliche Maßnahme einen mit dem Vertrag zu vereinbarenden berechtigten Zweck verfolgt, aus **zwingenden Gründen des Allgemeininteresses** gerechtfertigt und **verhältnismäßig** ist. Mit den „zwingenden Gründen des Allgemeininteresses" führt der Gerichtshof wiederum einen **unbestimmten Rechtsbegriff** ein, den er durch seine Rechtsprechung in unterschiedlichen Fallgruppen konkretisiert. Als derartige Allgemeininteressen wurden bereits anerkannt: Verbraucherschutz, Schutz des Arbeitsmarktes, Schutz vor dem Missbrauch akademischer Grade.

Rechtfertigung zugunsten zwingender Gründe des Allgemeininteresses

Klausurhinweis: *Auch hier ist die Aufzählung wiederum nicht abschließend! Achten Sie insbesondere auf die Argumente, die Ihnen der Sachverhalt mitteilt. In der Regel werden Vertreter des Mitgliedstaates einen besonders wichtigen Grund einführen, der zur Rechtfertigung herangezogen werden soll. Sie müssen sich dann argumentativ damit auseinandersetzen, ob Sie den Grund anerkennen oder nicht!*

!

Trotz der Konvergenz der Grundfreiheiten sollten Sie an dieser Stelle den Begriff der „Cassis-Formel" nicht verwenden! Dieser bezeichnet die genaue, ausschließlich zur Warenverkehrsfreiheit entwickelte Rechtfertigungsmöglichkeit!

!

1. Wer ist Arbeitnehmer i.S.d. Art. 45 AEUV?	**1.** Arbeitnehmer ist jeder, der während einer bestimmten Zeit für einen anderen nach dessen Weisung Leistungen erbringt, für die er als Gegenleistung eine Vergütung erhält.
2. Wird der Arbeitnehmerbegriff i.S.d. Art. 45 AEUV weit oder eng ausgelegt?	**2.** Der Arbeitnehmerbegriff wird weit ausgelegt, um eine möglichst große Reichweite der Arbeitnehmerfreizügigkeit zu erzielen. Besonders deutlich wird dies am Kriterium der erbrachten Leistung: Diese muss einen gewissen wirtschaftlichen Wert haben, worunter auch geringfügige Tätigkeiten fallen.
3. Über welches Merkmal wird die Arbeitnehmerfreizügigkeit von der Dienstleistungs- und der Niederlassungsfreiheit abgegrenzt?	**3.** Die Abgrenzung erfolgt über das Merkmal der Weisungsgebundenheit. Als Arbeitnehmer ist danach nur anzusehen, wer unter der Weisung oder Aufsicht eines Dritten steht, der ihm die zu erbringenden Leistungen und die Arbeitszeit vorschreibt und dessen Anordnung oder Vorschriften der Arbeitnehmer zu befolgen hat. Dienstleistungs- und Niederlassungsfreiheit schützen hingegen die selbstständige Tätigkeit.
4. Muss in einer Falllösung zwingend zwischen den einzelnen durch Art. 45 Abs. 3 AEUV garantierten Rechten differenziert werden?	**4.** Nein! Die einzelnen Gewährleistungen umschreiben den sachlichen Schutzbereich eines einheitlichen Rechts auf Arbeitnehmerfreizügigkeit, sodass eine ausgiebige Differenzierung und Abgrenzung der einzelnen Gewährleistungsinhalte nicht erforderlich ist.
5. Entfaltet die Arbeitnehmerfreizügigkeit unmittelbare Drittwirkung?	**5.** Die h.M. erkennt eine unmittelbare Drittwirkung der Arbeitnehmerfreizügigkeit an. Das Diskriminierungsverbot gelte nicht nur für Akte staatlicher Behörden, sondern auch für Maßnahmen, die eine kollektive Regelung im Arbeits- und Dienstleistungsbereich enthalten (z.B. Verbandsregeln oder Tarifvertragsregeln).
6. Sind auch für die Arbeitnehmerfreizügigkeit ungeschriebene Rechtfertigungsgründe anzuerkennen?	**6.** Ja! Liegen die in Art. 45 Abs. 3 AEUV festgelegten Rechtfertigungsgründe nicht vor, erkennt der Gerichtshof – angelehnt an die Cassis-Formel zu Art. 34 AEUV – ungeschriebene Rechtfertigungsgründe für den Fall an, dass keine offene Diskriminierung vorliegt. Danach sind Beschränkungen gerechtfertigt, wenn sie einen mit dem Vertrag zu vereinbarenden berechtigten Zweck verfolgen, aus zwingenden Gründen des Allgemeininteresses gerechtfertigt und verhältnismäßig sind.

E. Niederlassungsfreiheit

Die Niederlassungsfreiheit ist eine weitere **Personalfreiheit** des AEUV. Sie schützt die Möglichkeit, sich zum Zwecke der **selbstständigen Tätigkeit** in den Mitgliedstaaten niederzulassen.

Niederlassungsfreiheit als weitere Personalfreiheit

Prüfungsschema: Niederlassungsfreiheit

I. Schutzbereich
1. Sachlicher Schutzbereich: Niederlassung
2. Persönlicher Schutzbereich: Unionsbürger oder Gesellschaften
4. Keine Bereichsausnahme für Tätigkeiten, die mit der Ausübung öffentlicher Gewalt verbunden sind

II. Eingriff
1. Diskriminierung
2. Sonstige Beschränkung

III. Rechtfertigung
1. Geschriebener Rechtfertigungsgrund, Art. 52 AEUV
   a) Öffentliche Ordnung, Sicherheit, Gesundheit
   b) Verhältnismäßigkeit des Eingriffs
2. Ungeschriebener Rechtfertigungsgrund
   a) Zwingender Grund des Allgemeinwohls
   b) Verhältnismäßigkeit des Eingriffs

I. Schutzbereich

1. Sachlicher Schutzbereich

a) Begriff der Niederlassung

In sachlicher Hinsicht schützt die Niederlassungsfreiheit aus Art. 49 Abs. 1 AEUV die freie **Niederlassung**. Hierunter fällt jede feste Einrichtung, die der tatsächlichen Ausübung einer selbstständigen Erwerbstätigkeit auf unbestimmte Zeit zu dienen bestimmt ist. Die einzelnen, weit auszulegenden Merkmale einer Niederlassung lassen sich wie folgt umschreiben:

Einzelmerkmale der Niederlassung

- Eine **feste Einrichtung** ist vorhanden, wenn die Niederlassung es dem Betreiber erlaubt, tatsächliche und echte Tätigkeiten im Hoheitsgebiet des Niederlassungsstaates auszuüben.

- **Selbstständig** ist die Tätigkeit, wenn die handelnde Person dabei **weisungsfrei** agieren kann. Hierüber wird die Abgrenzung des Schutzbereichs zur Arbeitnehmerfreizügigkeit sichergestellt. Zusätzlich muss die handelnde Person das **wirtschaftliche Risiko** für ihre Unternehmungen tragen. Auf diese Weise lassen sich Niederlassungs- und Dienstleistungsfreiheit voneinander abgrenzen, da der Dienstleister zwar eine weisungsfreie Tätigkeit erbringt, der Auftraggeber aber das wirtschaftliche Risiko trägt.

- Die **Erwerbstätigkeit** ist nicht auf einzelne Wirtschaftszweige beschränkt. Erforderlich ist nur, dass die Tätigkeit einen wirtschaftlichen Bezug hat.

b) Geschützte Freiheiten

Nicht nur Niederlassung als solche geschützt

Natürlich schützt die Niederlassungsfreiheit zuvörderst die **Errichtung der Niederlassung**, also die **Aufnahme einer selbstständigen Tätigkeit** im Aufnahmemitgliedstaat. Bliebe es hierbei, wäre der Schutzumfang zu kurz dimensioniert: Denn auch nach der Aufnahme der selbstständigen Tätigkeit muss es dem Unternehmer möglich sein, die Unternehmung fortzuführen. Deshalb erweitert Art. 49 Abs. 2 AEUV den Schutzbereich der Niederlassungsfreiheit: geschützt werden danach auch die Ausübung der Tätigkeit sowie die Gründung und Leitung von Unternehmen zu diesem Zweck.

Gewährleistung weiterer Begleitrechte

Darüber hinaus wird der Schutzbereich um weitere **Begleitrechte** wie z.B. das Recht zur Einreise in den Mitgliedstaat und das Recht zum Aufenthalt in dem Mitgliedstaat ergänzt, ohne die die Ausübung der Niederlassungsfreiheit nicht denkbar wäre.

c) Grenzüberschreitender Bezug

Primäre und sekundäre Niederlassungsfreiheit

Dass ein grenzüberschreitender Bezug erforderlich ist, wird bereits im Wortlaut des Art. 49 Abs. 1 AEUV deutlich: Er schützt die Niederlassung von Staatsangehörigen eines Mitgliedstaats im Hoheitsgebiet eines anderen Mitgliedstaates. Dabei ist unerheblich, ob der Selbstständige erstmalig eine Niederlassung in einem für ihn fremden Mitgliedstaat gründet oder seine Hauptniederlassung aus einem Mitgliedstaat in einen anderen verlegt (sog. **primäre Niederlassungsfreiheit**, Art. 49 Abs. 1 S. 1 AEUV) oder ob er nur eine Agentur, Zweigniederlassung oder Tochtergesellschaft in einem anderen Mitgliedstaat gründet (sog. **sekundäre Niederlassungsfreiheit**, Art. 49 Abs. 1 S. 2 AEUV). In beiden Fällen ist ein ausreichender grenzüberschreitender Bezug gegeben.

2. Persönlicher Schutzbereich

a) Natürliche Personen

Unionsbürger

Auf die Niederlassungsfreiheit können sich in erster Linie **natürliche Personen** mit der Staatsangehörigkeit eines Mitgliedstaates berufen – also **Unionsbürger**. Zusätzlich ist im Bereich der sekundären Niederlassungsfreiheit eine bereits zuvor bestehende Hauptniederlassung im Unionsgebiet Voraussetzung.

b) Gesellschaften

Erweiterung auf juristische Personen

Art. 54 AEUV erweitert den Anwendungsbereich auf **Gesellschaften**. Gesellschaften in diesem Sinne sind – wie Art. 54 Abs. 2 AEUV zeigt – nicht nur **juristische Personen** des privaten und sogar des öffentlichen Rechts, sondern auch **sonstige Personenvereinigungen**. Einer gesetzlich angeordneten Rechtsfähigkeit und eigener Rechtspersönlichkeit bedarf es nicht. Vielmehr werden alle Gesellschaftsformen des nationalen Rechts unabhängig von ihrer Rechtsfähigkeit erfasst. Dies ergibt sich auch aus Art. 54 Abs. 2 AEUV, der beispielhaft die Gesellschaften des bürgerlichen Rechts, des Handelsrechts und die Genossenschaften aufzählt.

Gründungsakt und Sitz als Kompensation fehlender Staatsangehörigkeit

Alle Gesellschaftsformen müssen indes **nach den Rechtsvorschriften eines Mitgliedstaates gegründet** sein und ihren Sitz, Hauptverwaltung oder Hauptniederlassung **innerhalb der Union** haben. Durch diese beiden Merkmale wird die Bindung an den jeweiligen Mitgliedstaat und über diesen vermittelt die Bindung an die Union sichergestellt, die sich bei natürlichen Personen aus ihrer Staatsangehörigkeit ergibt.

Da die Niederlassungsfreiheit ausdrücklich auch für juristische Personen des öffentlichen Rechts gilt, spielt das aus der deutschen Grundrechtslehre bekannte **Konfusionsargument** hier keine Rolle.

3. Keine Bereichsausnahme

Bereichsausnahme für Ausübung öffentlicher Gewalt

Nicht auf die Niederlassungsfreiheit kann sich berufen, wer Tätigkeiten ausübt, die dauernd oder zeitweise mit der **Ausübung öffentlicher Gewalt** verbunden sind, Art. 51 Abs. 1 AEUV. Hiermit soll sichergestellt werden, dass die Mitgliedstaaten in der Lage sind, die Ausübung öffentlicher Gewalt den eigenen Staatsangehörigen vorzubehalten. Gemeint sind solche Tätigkeiten, in der sich **staatliche Hoheitsgewalt** niederschlägt und die nur vermöge dieser zulässig sind. Hiervon kann insbesondere dann ausgegangen werden, wenn das Über-/Unterordnungsverhältnis des Staates gegenüber dem Bürger durch Inanspruchnahme von Sonderrechten, hoheitlichen Befugnissen oder Zwangsmitteln zum Ausdruck kommt.

Beispiele: Erlass von Verwaltungsakten, Anwendung von Zwangsmitteln

II. Eingriff

1. Diskriminierung oder Beschränkung

Begriffsbestimmungen

Auch die Niederlassungsfreiheit verfügt über keinen speziellen Eingriffsbegriff. Die allgemeinen Definitionen werden deshalb nur geringfügig an die besonderen Erfordernisse der Niederlassungsfreiheit angepasst:

- Eine **offene Diskriminierung** liegt vor, wenn EU-ausländische Unternehmer nur aufgrund ihrer Staatsangehörigkeit strengeren Anforderungen bei der Niederlassung unterworfen werden als inländische Unternehmer.

  Beispiel: Zugang zum Notarberuf nur für deutsche Staatsangehörige

- **Versteckte Diskriminierungen** sind hingegen solche Belastungen oder Schlechterstellungen, die zwar nicht unmittelbar an das Kriterium der Staatsangehörigkeit anknüpfen, aber i.d.R. nur Schlechterstellungen von EU-Ausländern bewirken.

  Beispiel: Erteilung einer Genehmigung zum Betrieb des Unternehmens hängt vom Wohnsitz im Inland ab

- **Sonstige nicht diskriminierende Beschränkungen** liegen in solchen mitgliedstaatlichen Regelungen oder Maßnahmen, die die Ausübung selbstständiger Erwerbstätigkeit behindern oder weniger attraktiv machen (sog. Gebhard-Formel).

2. Unmittelbare Drittwirkung

Unmittelbare Drittwirkung der Niederlassungsfreiheit

Wie auch die Arbeitnehmerfreizügigkeit (s.o. S. 96) richtet sich die Niederlassungsfreiheit nicht ausschließlich an die Mitgliedstaaten, ihre Organe und Institutionen, sondern entfaltet auch – wenngleich in einem eng umgrenzten Bereich – **unmittelbare Drittwirkung**: Privatrechtliche Organisationen (z.B. Verbände, Gewerkschaften) können in die Niederlassungsfreiheit eingreifen, wenn sie aufgrund einer ihnen eingeräumten rechtlichen Autonomie in staatsähnlicher Weise Rechtsvorschriften erlassen und damit die selbstständige Tätigkeit regeln.

III. Rechtfertigung

1. Geschriebener Rechtfertigungsgrund

ordre-public-Vorbehalt für offene Diskriminierungen

Art. 52 Abs. 1 AEUV rechtfertigt mitgliedstaatliche **Sonderregeln für Ausländern**, die **aus Gründen der öffentlichen Ordnung, Sicherheit oder Gesundheit** erlassen und durchgeführt werden. Die Norm gestattet damit ausdrücklich **offene Diskriminierungen**. Die Rechtfertigungsgründe (auch als odre-public-Vorbehalt bezeichnet) werden ebenso ausgelegt wie bei Art. 45 Abs. 3 AEUV, der dieselben Rechtfertigungsgründe enthält (s.o. S. 96).

Anwendbarkeit auch auf versteckte Diskriminierungen und sonstige Beschränkungen

Trotz des eindeutigen Wortlauts wird darüber diskutiert, ob der Rechtfertigungsgrund des Art. 52 Abs. 1 AEUV **auch auf die sonstigen Eingriffe** – also versteckte Diskriminierungen und sonstige Beschränkungen – **ausgedehnt** und damit der Anwendungsbereich der Rechtfertigungsgründe deutlich erweitert werden kann. Vorzugswürdig erscheint die Auffassung, die mit einem **Erst-recht-Schluss** argumentiert: Wenn die Rechtfertigungsgründe sogar für schwere Eingriffe wie die offene Diskriminierung anwendbar seien, müssten sie erst recht herangezogen werden dürfen, wenn es um die Rechtfertigung der deutlich weniger eingriffsintensiven versteckten Diskriminierungen und sonstigen Beschränkungen geht.

Auch einige Entscheidungen des Gerichtshofs deuten in diese Richtung: So ließ er in einem Fall offen, ob die Regelung offen diskriminierend sei, da sie jedenfalls aus Gründen der öffentlichen Ordnung gerechtfertigt sei.

2. Ungeschriebener Rechtfertigungsgrund

Ungeschriebene Rechtfertigung aus zwingenden Gründen des Allgemeininteresses

Liegt eine offene Diskriminierung oder sonstige Beschränkung vor, die nicht aus Gründen des Art. 52 Abs. 1 AEUV gerechtfertigt werden kann, sind auch hier **ungeschriebene Rechtfertigungsgründe** anerkannt. Die Eingriffe sind gerechtfertigt, wenn sie aus **zwingenden Gründen des Allgemeininteresses** ergehen und geeignet sind, die Verwirklichung des mit ihnen verfolgten Ziels zu gewährleisten, und nicht über das hinausgehen, was zur Erreichung dieses Ziels erforderlich ist. Auch insoweit überträgt der Gerichtshof also die zur Warenverkehrsfreiheit und auch schon bei der Arbeitnehmerfreizügigkeit anerkannten Grundsätze. Als zwingende Grundsätze wurden in der Rechtsprechung z.B. der Gläubigerschutz oder der Schutz der Öffentlichkeit vor irreführender oder missbräuchlicher Führung akademischer Titel anerkannt.

Grundsatz der Verhältnismäßigkeit

Für die **Verhältnismäßigkeitsprüfung** ergeben sich hingegen keinerlei Besonderheiten zu der Prüfung im Rahmen der anderen Grundfreiheiten.

1. Wann liegt eine Niederlassung i.S.d. Art. 49 Abs. 1 AEUV vor?

1. Niederlassung ist jede feste Einrichtung, die der tatsächlichen Ausübung einer selbständigen Erwerbstätigkeit auf unbestimmte Zeit zu dienen bestimmt ist.

2. Von welchen anderen Grundfreiheiten ist die Niederlassungsfreiheit abzugrenzen?

2. Zum einen von der Arbeitnehmerfreizügigkeit: Denn ein Arbeitnehmer erbringt seine Tätigkeit weisungsabhängig, während die Niederlassung eine selbstständige Tätigkeit voraussetzt. Zum anderen von der Dienstleistungsfreiheit: Dies erfolgt ebenfalls über das Kriterium der Selbstständigkeit. Denn die Tätigkeit ist nur dann selbstständig, wenn die handelnde Person das unternehmerische Risiko trägt.

3. Welche Arten der Niederlassung werden unterschieden?

3. Zwischen der primären und sekundären Niederlassung. Bei erstmaliger Gründung oder Umzug in einen Mitgliedstaat spricht man von einer primären Niederlassung. Werden unter Beibehaltung der im Ausland ansässigen weitere Niederlassungen gegründet, spricht man von sekundären Niederlassungen. In beiden Fällen liegt der erforderliche grenzüberschreitende Bezug vor.

4. Gilt für juristische Personen, die von den Mitgliedstaaten beherrscht werden, das sog. Konfusionsargument?

4. Nein! Nach dem Wortlaut von Art. 54 Abs. 2 AEUV können sich sogar juristische Personen des öffentlichen Rechts auf die Niederlassungsfreiheit berufen, sodass das Konfusionsargument nicht zur Anwendung gelangt.

5. Wann liegt eine offene Diskriminierung im Rahmen der Niederlassungsfreiheit vor?

5. Offene Diskriminierungen liegen vor, wenn EU-ausländische Unternehmer nur aufgrund ihrer Staatsangehörigkeit strengeren Anforderungen bei der Niederlassung unterworfen werden als inländische Unternehmer.

6. Entfaltet die Niederlassungsfreiheit unmittelbare Drittwirkung?

6. Ja! Dies ist für den Fall anerkannt, dass privatrechtliche Organisationen (z.B. Verbände) aufgrund einer ihnen eingeräumten rechtlichen Autonomie in staatsähnlicher Weise Rechtsvorschriften erlassen und damit die selbstständige Tätigkeit regeln.

7. Ist der Rechtfertigungsgrund aus Art. 52 Abs. 1 AEUV auch auf versteckte Diskriminierungen anwendbar?

7. Nach vorzugswürdiger Ansicht ja! Wenn der Rechtfertigungsgrund bereits für die eingriffsintensiven offenen Diskriminierungen gilt, muss er erst recht für die weniger eingriffsintensiven versteckten Diskriminierungen gelten.

F. Dienstleistungsfreiheit

Die Dienstleistungsfreiheit als weitere Personalfreiheit ergänzt Arbeitnehmerfreizügigkeit und Niederlassungsfreiheit, indem sie die vorübergehende Leistungserbringung schützt.

Dienstleistungsfreiheit als Ergänzung von Arbeitnehmerfreizügigkeit und Niederlassungsfreiheit

Prüfungsschema: Dienstleistungsfreiheit

I. Schutzbereich
1. Sachlicher Schutzbereich:
   a) Dienstleistung
   b) Grenzüberschreitender Bezug
2. Persönlicher Schutzbereich: Unionsbürger oder Gesellschaften
3. Keine Bereichsausnahme für Tätigkeiten, die mit der Ausübung öffentlicher Gewalt verbunden sind

II. Eingriff
1. Diskriminierung
2. Sonstige Beschränkung

III. Rechtfertigung
1. Geschriebener Rechtfertigungsgrund
   a) Öffentliche Ordnung, Sicherheit, Gesundheit
   b) Verhältnismäßigkeit des Eingriffs
2. Ungeschriebener Rechtfertigungsgrund
   a) Zwingender Grund des Allgemeinwohls
   b) Verhältnismäßigkeit des Eingriffs

I. Schutzbereich

1. Sachlicher Schutzbereich

a) Dienstleistung

Was Dienstleistung i.S.d. Art. 56 Abs. 1 AEUV ist, bestimmt sich nicht – jedenfalls nicht nur – nach Art. 57 AEUV. Denn dieser enthält, anders als die Formulierung vermuten lässt, **keine Legaldefinition** der Dienstleistung. Die Formulierung dort greift zu kurz, ist unvollständig und ungenau. Deshalb sind die dort beschriebenen Tätigkeiten als Beispiele für Dienstleistungen zu verstehen, deren Aufzählung aber nicht abschließend ist.

Keine Legaldefinition in Art. 57 AEUV

Keine generelle Subsidiarität der Dienstleistungsfreiheit

Art. 57 Abs. 1 a.E. AEUV wird häufig dahingehend missverstanden, dass die Dienstleistungsfreiheit gegenüber den übrigen Grundfreiheiten **generell subsidiär** sein soll. Der Gerichtshof interpretiert den Satzteil jedoch anders: Wenn mehrere dort genannte Grundfreiheiten durch eine mitgliedstaatliche Maßnahme berührt werden, tritt die Dienstleistungsfreiheit nur zurück, wenn sie gegenüber einer anderen Grundfreiheit völlig zweitrangig ist und die mitgliedstaatliche Maßnahme nur der anderen Grundfreiheit zugeordnet werden kann.

Begriffsbestimmung und Abgrenzung

Dienstleistung ist vielmehr jede selbstständig und vorübergehend ausgeführte Leistung nicht-körperlicher Art, die in der Regel gegen ein Entgelt erbracht wird. Mit der Definition wird auch die **Abgrenzung** zu den weiteren Grundfreiheiten deutlich:

- Selbstständig: Während **Arbeitnehmer** weisungsgebunden tätig sind, erfolgt die Dienstleistung frei.
- Vorübergehend: Die Dienstleistung kann zwar von gewisser Dauer sein, erfolgt aber nicht dauerhaft – anders als die **Niederlassung** in einem anderen Mitgliedstaat.
- Nicht-körperlich: Die Dienstleistung besteht nicht in der Lieferung einer **Ware**, sondern in der wirtschaftlichen Verwertung von „Know-how". Der Dienstleister macht durch seine Tätigkeit sein Wissen, seine Ideen, Fähigkeiten und Fertigkeiten zu Geld.

Begleitrechte

Der Schutzbereich erschöpft sich indes nicht im Recht zur Erbringung der Dienstleistung, sondern umfasst auch **Begleitrechte**, ohne die die Dienstleistungserbringung nicht möglich wäre. Allerdings hat beispielsweise das anerkannte Recht auf Einreise in den anderen Mitgliedstaat zwecks Erbringung der Dienstleistung aufgrund des allgemeinen Freizügigkeitsrechts aus Art. 21 AEUV an Bedeutung eingebüßt.

b) Grenzüberschreitender Bezug

Grenzüberschreitende Dienstleistung

Aus dem Wortlaut des Art. 56 Abs. 1 AEUV folgt, dass im EU-Ausland ansässige Dienstleister gegenüber denen im Inland nicht beschränkt werden dürfen oder – positiv formuliert – diesen gleichgestellt werden sollen. Dies bringt den **grenzüberschreitenden Bezug** zum Ausdruck, der erforderlich ist, damit der Schutzbereich der Dienstleistungsfreiheit betroffen ist. Je nachdem, wie der grenzüberschreitende Bezug beschaffen ist, haben sich verschiedene Bezeichnungen für die jeweilige Dienstleistung etabliert:

- Begibt sich der Dienstleister zum Dienstleistungsempfänger in einen anderen Mitgliedstaat, um bei diesem die Leistung zu erbringen, spricht man von **aktiver Dienstleistungsfreiheit**. Sie stellt den Regelfall dar, vgl. Art. 57 Abs. 3 AEUV.
- Begibt sich umgekehrt der Dienstleistungsempfänger zum Dienstleister und überschreitet dabei eine Binnengrenze, spricht man von **passiver Dienstleistungsfreiheit**.
- Begeben sich sowohl der Dienstleister als auch der Dienstleistungsempfänger in einen anderen Mitgliedstaat und wird dort die Dienstleistung erbracht, liegt eine **auslandsbedingte Dienstleistung** vor.

  Beispiel: mitreisender Fremdenführer
- Bleiben sowohl der Dienstleister als auch der Dienstleistungsempfänger in ihren jeweiligen Mitgliedstaaten und überschreitet nur die Leistung die Grenze, handelt es sich um eine **Korrespondenzdienstleistung**.

  Beispiel: Banken- und Versicherungsdienste

2. Persönlicher Schutzbereich

Unionsbürger und Gesellschaften

Wie auch bei den übrigen Grundfreiheiten können sich **Unionsbürger** auf die Dienstleistungsfreiheit berufen. Aufgrund der Verweisung in Art. 62 AEUV auf die Vorschriften der Niederlassungsfreiheit umfasst der persönliche Schutzbereich auch **Gesellschaften** i.S.d. Art. 54 AEUV. Zu den Anforderungen an diese s.o. S. 101.

3. Keine Bereichsausnahme

Bereichsausnahme zugunsten der öffentlichen Gewalt

Ebenfalls entsprechend wird die aus der Niederlassungsfreiheit bekannte **Bereichsausnahme** angewendet, Art. 62 i.V.m. Art. 51 Abs. 1 AEUV. Damit sind solche Dienstleistungen aus dem Schutzbereich der Dienstleistungsfreiheit ausgegrenzt, die mit der Ausübung öffentlicher Gewalt verbunden sind (ausführlich S. 101 f.).

II. Eingriff

Diskriminierungen und Beschränkungen

Mangels besonderen Eingriffsbegriffs sind im Rahmen der Dienstleistungsfreiheit **offene** wie **versteckte Diskriminierungen** als Eingriff anzusehen. Auch sonstige Beschränkungen, die geeignet sind, die Tätigkeit des Dienstleistenden, der in einem anderen Mitgliedstaat ansässig ist und dort rechtmäßig ähnliche Dienstleistungen erbringt, zu unterbinden oder zu behindern, stellen einen Eingriff dar.

III. Rechtfertigung

Geschriebener Rechtfertigungsgrund

Auch der **geschriebene Rechtfertigungsgrund** der Niederlassungsfreiheit findet zur Rechtfertigung von Eingriffen in die Dienstleistungsfreiheit Verwendung (Art. 62 i.V.m. Art. 52 AEUV), sodass offene Diskriminierungen aus Gründen der öffentlichen Sicherheit, Ordnung und Gesundheit gerechtfertigt werden können, wenn sie zugleich verhältnismäßig sind (s.o. S. 103).

Wie bei der Niederlassungsfreiheit lässt sich hier die Erweiterung des Wortlautes auf versteckte Diskriminierungen und sonstige Beschränkungen vertreten.

Ungeschriebener Rechtfertigungsgrund

Greift der geschriebene Rechtfertigungsgrund nicht ein, können versteckte Diskriminierungen und sonstige Beschränkungen aus **zwingenden Gründen des Allgemeininteresses** gerechtfertigt werden, wenn sich auch diese als verhältnismäßig erweisen. Insofern gelten die zur Niederlassungsfreiheit dargestellten Grundsätze entsprechend (s.o. S. 103).

G. Kapital- und Zahlungsverkehrsfreiheit

Geringe Klausurrelevanz von Kapital- und Zahlungsverkehrsfreiheit

Art. 63 AEUV enthält zwei für das Funktionieren der Wirtschafts- und Währungsunion maßgeblichen Grundfreiheiten: die **Kapitalverkehrsfreiheit** (Art. 63 Abs. 1 AEUV) und die **Zahlungsverkehrsfreiheit** (Art. 63 Abs. 2 AEUV). Da sie jedoch in der Klausurpraxis keine Rolle spielen, sollen sie hier nur kurz eingeführt werden.

I. Kapitalverkehrsfreiheit

Kapitalverkehrsfreiheit als Voraussetzung für den Standortwettbewerb innerhalb des Binnenmarktes

Die Beseitigung von Kapitalverkehrsbeschränkungen ist hilfreich, damit das Geld in den Mitgliedstaaten investiert werden kann, in denen es die meiste Rendite bewirkt. Durch die Kapitalverkehrsfreiheit wird dementsprechend der Standortwettbewerb innerhalb des Binnenmarktes gefördert.

II. Zahlungsverkehrsfreiheit

Zahlungsverkehrsfreiheit als Annexfreiheit

Kapital dient als Gegenleistung für Waren oder Dienstleistungen. Werden also Waren von Beschränkungen befreit, ist es dem Funktionieren des Binnenmarkes dienlich, wenn auch die Gegenleistung in Form von Geld von Beschränkungen befreit wird. Die Zahlungsverkehrsfreiheit garantiert deshalb – als eine Art Annexfreiheit z.B. zur Warenverkehrs- und Dienstleistungsfreiheit – die Zahlung von Geld über mitgliedstaatliche Grenzen ohne Beschränkungen.

1. Wann liegt eine Dienstleistung i.S.d. Art. 57 AEUV vor?	**1.** Dienstleistung ist jede selbständig und vorübergehend ausgeführte Leistung nicht körperlicher Art, die in der Regel gegen ein Entgelt erbracht wird.
2. Ist die Dienstleistungsfreiheit gegenüber den übrigen Grundfreiheiten subsidiär?	**2.** Nein! Anders als die Begriffsbestimmung der Dienstleistung in Art. 57 Abs. 1 AEUV vermuten lässt, besteht keine generelle Subsidiarität. Der Gerichtshof lässt die Dienstleistungsfreiheit nur dann zurücktreten, wenn sie gegenüber der anderen berührten Grundfreiheit völlig zweitrangig ist.
3. Wie wird die Dienstleistungsfreiheit von den übrigen Grundfreiheiten abgegrenzt?	**3.** Warenverkehrsfreiheit: Dienstleistung muss nichtkörperlich sein; Arbeitnehmerfreizügigkeit: Dienstleistung muss selbstständig, d.h. außerhalb eines Arbeitsverhältnisses erbracht werden; Niederlassungsfreiheit: Dienstleistung wird vorübergehend erbracht.
4. Welche unterschiedlichen Ausprägungen der Dienstleistungsfreiheit gibt es?	**4.** Aktive Dienstleistungsfreiheit (Dienstleister überschreitet Grenze), passive Dienstleistungsfreiheit (Dienstleistungsempfänger überschreitet Grenze), auslandsbedingte Dienstleistung (Dienstleister und Dienstleistungsempfänger überschreiten Grenze, Dienstleistung wird in Drittland erbracht), Korrespondenzdienstleistung (Dienstleistung überschreitet die Grenze).
5. Welches Ziel verfolgt die Kapitalverkehrsfreiheit?	**5.** Die Kapitalverkehrsfreiheit verfolgt die Beseitigung aller Beschränkungen der Kapitalströme innerhalb der EU, um Investitionen in allen Mitgliedstaaten auch grenzüberschreitend unter den gleichen Voraussetzungen möglich zu machen. Hierdurch wird der für den gemeinsamen Binnenmarkt erforderliche Standortwettbewerb ermöglicht.
6. Wozu dient die Freiheit des Zahlungsverkehrs?	**6.** Bei der Freiheit des Zahlungsverkehrs aus Art. 63 Abs. 2 AEUV handelt es sich zwar um eine selbstständige Grundfreiheit des AEUV. Allerdings wird sie i.d.R. als Annexfreiheit zu den anderen Grundfreiheiten angesehen. Sie garantiert, dass der Schuldner, der eine Geldleistung für eine Warenlieferung oder eine Dienstleistung schuldet, seine vertraglichen Pflichten freiwillig und ohne unzulässige Beschränkung erfüllen und der Gläubiger eine solche Zahlung frei empfangen kann.

5. Abschnitt: EU-Grundrechte

! ***Hinweis:*** *Auch wenn es bereits oben angesprochen wurde (S. 79): Sie müssen strikt zwischen den Grundfreiheiten des AEUV und den Grundrechten der GRCh unterscheiden! Nicht umsonst wird bereits begrifflich unterschieden: Die* ***Grundfreiheiten*** *beinhalten in erster Linie* ***Pflichten der Mitgliedstaaten*** *und bewirken nur als eine Art* ***Regelungsreflex*** *ein* ***subjektives Recht*** *der Unionsbürger. Darüber hinaus werden sie primär als* ***Wirtschafts- und Marktrechte****, weniger als Menschenrechte angesehen. Die* ***Grundrechte*** *hingegen sind* ***Rechte von Privatpersonen*** *gegenüber der EU und den Mitgliedstaaten.*

A. Entstehungsgeschichte

Keine Grundrechte in den Gründungsverträgen

Die Entstehungsgeschichte europäischer Grundrechte kann mit Fug und Recht als bewegt bezeichnet werden – beteiligten sich an ihr schließlich auch die nationalen Verfassungsgerichte, nicht zuletzt das Bundesverfassungsgericht. Denn **in den Gründungsverträgen** befand und befindet sich damals wie heute **kein einziges Grundrecht** zugunsten der Unionsbürger. Auch die GRCh existiert erst seit dem Jahr 2000.

Entwicklung der ersten Grundrechte als allgemeine Rechtsgrundsätze in der Rechtsprechung des Gerichtshofs

Zwischen der Gründung der EU und der Verabschiedung der GRCh wurden Grundrechte nur nach und nach vom **Gerichtshof** als **allgemeine Rechtsgrundsätze** entwickelt. Dabei ließ sich der Gerichtshof von der Europäischen Menschenrechtskonvention (EMRK) sowie den Verfassungsüberlieferungen der einzelnen Mitgliedstaaten leiten (vgl. Art. 6 Abs. 3 EUV). Mangels geschriebenen und verbrieften Grundrechtskataloges bestand zumindest zu Beginn dieses Zeitraums **keine Rechtssicherheit** darüber, welche Grundrechte die EU den Unionsbürgern garantiert. Hierin liegt nebenbei bemerkt die Ursache für den ursprünglich geführten Streit zwischen dem Gerichtshof und dem Bundesverfassungsgericht über den Anwendungsvorrang des Unionsrechts: Das BVerfG wollte diesen solange nicht anerkennen, wie auf Unionsebene kein ausreichender Grundrechtsschutz gewährleistet war (zur Solange- Rechtsprechung s.o. S. 13 ff.).

Verabschiedung der GRCh und Erhebung in den Rang des Primärrechts

Obwohl der Gerichtshof in seiner Rechtsprechung Grundrechte entwickelte, die dem Schutzniveau des Grundgesetzes entsprachen – was ihm sogar das BVerfG bescheinigte – wurde die **GRCh** verabschiedet, um auf kodifizierte Grundrechte zurückgreifen zu können. Allerdings verfügt die GRCh über ein Manko: Ihr fehlte eine dem Art. 1 Abs. 3 GG vergleichbare Regelung mit der Folge, dass weder die EU und ihre Organe noch die Mitgliedstaaten tatsächlich an die Grundrechte der GRCh gebunden waren. Dieses Manko wurde durch den Vertrag von Lissabon beseitigt: Nach **Art. 6 Abs. 1 EUV** ist die GRCh als mit den Gründungsverträgen gleichrangig anzusehen. Sie steht deshalb nun im **Rang des europäischen Primärrechts** mit der Folge, dass sich europäisches Sekundärrecht an ihr messen lassen muss. Anders gesagt: Richtlinien und Verordnungen, die gegen die GRCh verstoßen, sind unionsrechtswidrig und können für nichtig erklärt werden.

Art. 51 GRCh (dazu gleich ausführlich) genügte nicht, da er nicht klärte, welche Auswirkungen eine Verletzung der Grundrechte hatte. Dank Art. 6 Abs. 1 EUV ist dies geklärt: Jede Grundrechtsverletzung ist eine Primärrechtsverletzung.

B. Struktur der EU-Grundrechte

Die Prüfung der EU-Grundrechte folgt grundsätzlich der Systematik, wie sie Ihnen aus dem Bereich der Grundfreiheiten wie auch den deutschen Grundrechten bekannt ist.

Prüfungsschema: EU-Grundrechte

I. Anwendbarkeit

II. Schutzbereich

1. Sachlicher Schutzbereich: je nach Wortlaut des Grundrechts
2. Persönlicher Schutzbereich: Menschen- oder Unionsbürgerrecht, Erweiterung auf juristische Personen möglich

III. Eingriff

Verkürzung des Schutzbereichs

IV. Rechtfertigung

1. Gesetzesvorbehalt, Art. 52 Abs. 1 S. 1 GRCh
2. Einschränkung des Gesetzgebers (Schranken-Schranken)
   a) Wesensgehaltsgarantie, Art. 52 Abs. 1 S. 2 GRCh
   b) Verhältnismäßigkeit, Art. 52 Abs. 1 S. 2 GRCh

I. Anwendbarkeit

Grundrechtsbindung aller Stellen der EU

Wer an die GRCh gebunden ist, ergibt sich aus **Art. 51 Abs. 1 GRCh**, der in seiner Ausgestaltung mit Art. 1 Abs. 3 GG vergleichbar ist, ihm aber nicht entspricht (s.o.). Primär richtet sich die GRCh nach Art. 51 Abs. 1 S. 1 Hs. 1 GRCh an die **Organe, Einrichtungen und sonstigen Stellen der EU**. Übersetzt: Jeder Teil der EU, ob mit Organqualität ausgestattet oder nicht, wird auf die GRCh verpflichtet. Sie haben die in der GRCh enthaltenen Rechte zu achten, sich an die sich daraus ergebenden Grundsätze zu halten und ihre Anwendung zu fördern, wie sich aus Art. 51 Abs. 1 S. 2 GRCh ergibt.

Bindung der Mitgliedstaaten – Streit zwischen Gerichtshof und BVerfG

Gestritten wird derzeit zwischen Gerichtshof und BVerfG darüber, inwieweit auch die **Mitgliedstaaten** an die GRCh gebunden sind. Art. 51 Abs. 1 S. 1 Hs. 2 GRCh sieht vor, dass die Mitgliedstaaten die GRCh (nur) **bei der Durchführung des Rechts der EU** beachten müssen. Was nun alles „Durchführung des Unionsrechts" ist, lässt sich nicht eindeutig beantworten. Der **Gerichtshof** legt die Vorschrift weit aus und lässt bereits **Berührungspunkte mit dem Unionsrecht** ausreichen, um eine Anwendbarkeit der GRCh zu bejahen. Das BVerfG hingegen sieht die deutschen Grundrechte hierdurch zu weit in den Hintergrund gerückt, müsste doch dann in sehr vielen unionsrechtlich zumindest teilweise geregelten Sachgebieten die GRCh als Teil des Unionsrechts mit Anwendungsvorrang vorrangig berücksichtigt werden. Deshalb vertritt das **BVerfG** eine enge Auslegung des Art. 51 Abs. 1 S. 1 Hs. 2 GRCh und nimmt eine Bindung deutscher Organe nur für den Fall an, dass das betroffene Sachgebiet **unionsrechtlich determiniert** ist. Dies sei wiederum dann der Fall, wenn die Einrichtung und Ausgestaltung der jeweiligen nationalen Vorschriften z.B. durch Verordnungen und Richtlinien vorgegeben und geregelt sei.

! ***Klausurhinweis:*** *Für die Klausur kommt es in erster Linie darauf an, den Streit zu kennen. Nur für den Fall, dass die beiden Auffassungen im konkreten Fall zu unterschiedlichen Ergebnissen gelangen, müssen Sie den Streit entscheiden. Ist die Entscheidung erforderlich, so sollte sie zugunsten des BVerfG ausfallen. Denn anderenfalls würde sich das Unionsrecht in Form der GRCh auch auf Bereiche erstrecken, die nicht unmittelbar durch das Unionsrecht vorgezeichnet sind. Dies würde eine nicht unerhebliche Einschränkung staatlicher Souveränität bedeuten, dürften doch die von den Mitgliedstaaten autark geschaffenen Vorschriften nicht mehr an der nationalen Verfassung gemessen werden, sondern müssten einer Überprüfung anhand der europäischen Grundrechte standhalten.*

II. Schutzbereich

1. Sachlicher Schutzbereich

a) Auslegungskriterien

Gewährleistungsgehalt anhand des Kernbegriffs

Die Umschreibung des Schutzbereiches erfolgt wie bei den deutschen Grundrechten und orientiert sich am jeweiligen **Kernbe-**

griff. Aus diesem lässt sich mittels Auslegung der Gewährleistungsgehalt des jeweiligen Grundrechts ermitteln.

Die GRCh gibt selbst vor, welche weiteren Grundsätze für die Auslegung heranzuziehen sind: Nach Art. 52 Abs. 3 GRCh haben die EU-Grundrechte, die mit Rechten in der **EMRK** übereinstimmen, die gleiche Bedeutung und Tragweite wie die Rechte der EMRK. Es hat sich deshalb eingebürgert, dass der Gerichtshof die EU-Grundrechte unter Rückgriff auf die Rechtsprechung des Europäischen Gerichtshofs für Menschenrechte (EGMR) auslegt. Im Übrigen sollen die Grundrechte an den überlieferten **Verfassungstraditionen der Mitgliedstaaten** ausgelegt werden, Art. 52 Abs. 4 GRCh.

EMRK und überlieferte Verfassungstradition als Auslegungshilfen

Klausurhinweis: *Gerade aufgrund dieser Verweisung ist es nicht falsch, sich bei der Auslegung der GRCh an der Auslegung der deutschen Grundrechte zu orientieren. Aber Vorsicht: Orientieren heißt nicht kopieren! Denn dann würde Verfassungsüberlieferung nur eines von 28 Mitgliedstaaten den Ausschlag geben. Eine 1:1-Übertragung von Streitigkeiten aus dem Dunstkreis deutscher Grundrechte ist deshalb nicht empfehlenswert! Oftmals kann die Übertragung auch gar nicht funktionieren, weil es im Grundgesetz kein Pendant gibt – die GRCh sieht einen umfangreicheren und detaillierteren Schutz vor als das Grundgesetz. Dies beweist allein der Umfang, da die GRCh insgesamt 50 einzelne Grundrechtspositionen enthält.*

!

Sollten Widersprüche bei der Auslegung eines Grundrechts entstehen, das sowohl in der GRCh als auch in der EMRK und den Verfassungen der Mitgliedstaaten existiert, gilt der **Grundsatz der Meistbegünstigung**: Für den Unionsbürger gilt die weiteste Auslegung des Schutzbereichs, die zu den übrigen Quellen vertreten wird, damit die Rechte des Unionsbürgers bestmöglich geschützt sind.

Grundsatz der Meistbegünstigung bei der Auslegung unter Rückgriff auf verschiedene Quellen

b) Arten der Grundrechte

Die GRCh unterscheidet in den einzelnen Titeln unterschiedliche **Arten von Grundrechten**:

Systematik der GRCh

- **Freiheitsrechte** (Titel I und II, Art. 1–19 GRCh),

  Hierzu zählen: Menschenwürde (Art. 1 GRCh), Leben (Art. 2 GRCh), Familie (Art. 7 GRCh), Versammlung (Art. 12 GRCh) und Eigentum (Art. 17 GRCh)

- **Gleichheitsrechte** (Titel III, Art. 20–26 GRCh),

  Hierzu zählen: Gleichheit von Mann und Frau (Art. 23 GRCh) und Kinderrechte (Art. 24 GRCh)

- **Solidaritätsrechte** (Titel IV, Art. 27–38 GRCh),

  Hierzu zählen: gerechte Arbeitsbedingungen (Art. 31 GRCh), soziale Sicherheit (Art. 34 GRCh)

- **Bürgerrechte** (Titel V, Art. 39–46 GRCh) und

  Hierzu zählen: aktives und passives Europawahlrecht (Art. 39 GRCh), Informationsrecht (Art. 42 GRCh), Petitionsrecht (Art. 44 GRCh)

- **Justizgrundrechte** (Titel VI, Art. 47–50 GRCh).

  Hierzu gehören: Recht auf effektiven Rechtsschutz (Art. 47 GRCh), Doppelbestrafungsverbot (Art. 50 GRCh)

! ***Klausurhinweis:*** *Die Unterscheidung müssen Sie in der Klausur nicht offensiv ansprechen. Das Verständnis der Systematik der GRCh hilft Ihnen vielmehr dabei, das jeweils einschlägige Grundrecht dem vorliegenden Sachverhalt zuzuordnen!*

c) Nebeneinander der Schutzbereiche

Keine Grundrechtskonkurrenz

Fällt das Verhalten des Grundrechtsberechtigten in den **Schutzbereich mehrerer Grundrechte**, prüft der Gerichtshof diese im Schutzbereich nebeneinander. Eine Abgrenzung der einzelnen Schutzbereiche erfolgt nicht, da sie alle derselben Einschränkungsmöglichkeit unterliegen (siehe dazu unten S. 116).

2. Persönlicher Schutzbereich

Unterscheidung von Menschen- und Unionsbürgerrechten

Ob es persönliche Einschränkungen gibt, hängt von dem jeweiligen Grundrecht ab. Die GRCh kennt **Menschenrechte**, die sie jedermann zubilligt (z.B. die Menschenwürde, Art. 1 GRCh). Allerdings sind einige Grundrechte ausdrücklich Unionsbürgern vorbehalten, sodass sie als **Unionsbürgerrechte** beschrieben werden (z.B. das Wahlrecht zum Europäischen Parlament, Art. 39 Abs. 1 GRCh). Da die GRCh keine eigenständige Definition des Unionsbürgerstatus enthält, kann insoweit auf die Definitionen in Art. 9 Abs. 1 S. 2 EUV, Art. 20 Abs. 1 S. 2 AEUV zurückgegriffen werden.

! ***Klausurhinweis:*** *Sofern Sie ein Menschenrecht prüfen, genügt in der Klausur der Hinweis, der persönliche Schutzbereich sei erfüllt, da es sich um ein Jedermann- oder Menschenrecht handelt. Längere Ausführungen bringen an der Stelle einen direkten Punktabzug!*

Grundrechtsfähigkeit juristischer Personen und sonstiger Gesellschaften

Die Anwendbarkeit der Grundrechte auf **juristische Personen und sonstige Gesellschaften** regelt die GRCh nicht. Da die Grundrechtsfähigkeit juristischer Personen in der Rechtsprechung des EGMR für den Bereich der EMRK anerkannt ist und auch von einzelnen Verfassungen der Mitgliedstaaten bejaht wird (vgl. Art. 19 Abs. 3 GG), wird allgemein von einer Grundrechtsfähigkeit der Gesellschaften ausgegangen. Als Indiz kann der Wortlaut der Art. 42 bis 44 GRCh herangezogen werden, der ausdrücklich von „natürlichen und juristischen Personen" spricht. Grundrechtsfähig sind insoweit nicht nur europäische Gesellschaftsformen wie die europäische Aktiengesellschaft (EAG), sondern auch juristische Personen und Personengesellschaften nach nationalem Recht. Auch hier ist eine weite Auslegung vorzugswürdig, um den grundrechtlichen Schutz so vielen Personen und Personenvereinigungen zugänglich zu machen wie möglich.

Dem Wesen nach auf juristische Personen anwendbar

Einschränkend gilt jedoch, dass nur die Grundrechte auf juristische Personen und Gesellschaften Anwendung finden dürfen, bei denen es **dem Wesen des Grundrechts nach** möglich ist. Solche Grundrechte, die ihrem Schutzbereich erkennbar nur auf natürliche Personen zugeschnitten sind (z.B. Leben, Art. 2 GRCh), können von juristischen Personen nicht geltend gemacht werden.

!

Klausurhinweis: *Als Indiz können Sie sich am Wortlaut der GRCh orientieren: Spricht der jeweilige Artikel der GRCh von „Personen", ist das Grundrecht in der Regel auch auf juristische Personen und Personenvereinigungen anwendbar. Spricht der jeweilige Artikel hingegen von „Menschen", die sich auf das Grundrecht berufen können und sollen, spricht dies gegen eine Anwendung auf Gesellschaften.*

III. Eingriff

Weiter Eingriffsbegriff

Ein Eingriff in den Schutzbereich liegt vor, wenn die **gewährleisteten Freiheiten und Rechte** durch die Maßnahme eines grundrechtsverpflichteten Organs **verkürzt** werden. Eine solche Verkürzung folgt in der Regel aus **Ge- oder Verboten**. Aber auch **mittelbare Beeinträchtigungen** der Unionsbürger genügen, um einen Eingriff anzunehmen, da der Gerichtshof eine **weite Auslegung** des Eingriffsbegriffs vertritt.

!

Hinweis: *Die Rechtsprechung des Gerichtshofs erinnert an den weiten Eingriffsbegriff des BVerfG im Rahmen deutscher Grundrechte!*

IV. Rechtfertigung

Möglichkeit der Rechtfertigung

Nicht jeder Eingriff hat eine Verletzung des Grundrechts zur Folge. Vielmehr sind die Eingriffe in den Schutzbereich **gerechtfertigt**, welche die Vorgaben der GRCh erfüllen und konkretisieren.

1. Gesetzesvorbehalt

Einheitliche Schrankenregelung: Gesetzesvorbehalt

Ein wesentlicher Unterschied der GRCh zu den deutschen Grundrechten liegt in der **einheitlichen Schrankensystematik**: Alle Eingriffe in Grundrechte der GRCh können nach Art. 52 Abs. 1 S. 1 GRCh gerechtfertigt werden, sofern sie **gesetzlich vorgesehen** sind. Die Grundrechte der GRCh stehen also unter einem **einfachen Gesetzesvorbehalt**.

Die aus der deutschen Grundrechtsdogmatik bekannte Unterscheidung nach einfachem und qualifiziertem Gesetzesvorbehalt und verfassungsimmanenten Schranken ist deshalb auf europäischer Ebene nicht erforderlich.

Anforderungen an das rechtfertigende Gesetz

Was im Sinne dieser Vorschrift als **Gesetz** angesehen werden kann, hängt davon ab, welches Organ in die Grundrechte eingreift.

- Liegt ein **Eingriff europäischer Organe** oder Institutionen vor, fallen unter Gesetz alle abstrakt-generellen Regelungen, die für den Bürger hinreichend zugänglich, bestimmt und vorhersehbar sind. Grundsätzlich kommen damit alle Vorschriften des europäischen Primär- und Sekundärrechts in Betracht. Insbesondere **Verordnungen** werden – als europäische Gesetze – häufig zur Rechtfertigung von Grundrechtseingriffen herangezogen.
- Folgt der Eingriff aus einer Maßnahme **mitgliedstaatlicher Organe**, ist ein nationales Gesetz zur Rechtfertigung erforderlich, aber auch ausreichend.

2. Einschränkungen des Gesetzgebers

Schranken-Schranken für den Gesetzgeber bei der Konkretisierung der Einschränkungsmöglichkeit

Auch im Bereich der europäischen Grundrechte unterliegt der (europäische oder mitgliedstaatliche) Gesetzgeber gewissen Einschränkungen bei der Konkretisierung der Einschränkungsmöglichkeit, sodass nicht jeder Grundrechtseingriff aufgrund eines Gesetzes gerechtfertigt werden kann (sog. **Schranken-Schranken**). Art. 52 Abs. 1 S. 1, S. 2 GRCh benennt diese Grenzen ausdrücklich: Wesensgehaltsgarantie und Grundsatz der Verhältnismäßigkeit.

a) Wesensgehaltsgarantie

Individuelle Bestimmung des Wesensgehalts

Der Wesensgehalt der Grundrechte bildet nach Art. 51 Abs. 1 S. 1 GRCh die **absolute Grenze** zu rechtfertigender Eingriffe. Wird in diesen Grundrechtskern eingegriffen, ist der Eingriff nicht gerechtfertigt und das jeweilige Grundrecht verletzt. Leider lässt sich der Wesensgehalt **nicht allgemeingültig** beschreiben, sondern muss aus dem jeweiligen Grundrecht selbst abgeleitet werden.

Klausurhinweis: *Je umfangreicher der Schutzbereich eines Grundrechts beschnitten wird, desto näher liegt eine Verletzung der Wesensgehaltsgarantie.*

!

b) Grundsatz der Verhältnismäßigkeit

Verhältnismäßigkeit als weitere Schranken-Schranke

Auch wenn der Eingriff den Wesensgehalt eines Grundrechts nicht tangiert, ist er nur gerechtfertigt, wenn er **verhältnismäßig** ist, Art. 52 Abs. 1 S. 2 GRCh. Dies ist der Fall, wenn ein legitimer Zweck verfolgt wird und der Eingriff hinsichtlich dieses Zwecks geeignet und erforderlich ist.

Einschränkung der legitimen Zwecke

Abweichend von der gewohnten Verhältnismäßigkeitsprüfung schränkt Art. 52 Abs. 1 S. 2 GRCh den **legitimen Zweck** ein: Hierbei muss es sich entweder um eine **dem Gemeinwohl dienende Zielsetzung** handeln oder der **Schutz der Rechte und Freiheiten anderer** verfolgt werden. Die möglichen Zielsetzungen können sich dabei aus der GRCh selbst oder auch dem sonstigen europäischen Recht, insbesondere den Verträgen (EUV, AEUV) ergeben. Dient der Eingriff dem Schutz der Rechte und Freiheiten anderer, gilt es, die **kollidierenden Grundrechte Dritter** konkret herauszuarbeiten.

Hinweis: *Diese Rechtfertigung ist deshalb mit den kollidierenden Grundrechten als verfassungsimmanente Schranke im Rahmen der deutschen Grundrechte identisch!*

!

Geeignetheit und Erforderlichkeit

Hinsichtlich der **Geeignetheit** billigt der Gerichtshof den handelnden Organen einen **weiten Beurteilungsspielraum** zu, sodass nur völlig und offensichtlich ungeeignete Maßnahmen ausgeschieden werden. Der Eingriff ist letztlich auch **erforderlich**, wenn von mehreren zur Auswahl stehenden geeigneten Maßnahmen diejenige gewählt wird, welche die geringste Belastung enthält. Wie auch im Rahmen der Grundfreiheiten prüft der Gerichtshof bei der Erforderlichkeit nicht nur die Auswahl des relativ mildesten Mittels, sondern kontrolliert auch die ausgewogene Gewichtung der verschiedenen beteiligten Interessen.

Klausurhinweis: *Der Prüfungspunkt **„Angemessenheit“** hat deshalb in Ihrem Gutachten nichts zu suchen!*

!

C. EMRK

Die Europäische Menschenrechtskonvention (kurz: EMRK) ist ein durch den Europarat im Jahr 1950 verabschiedetes Werk, das den Status eines völkerrechtlichen Vertrages hat. Eine unmittelbare Verbindung zur EU existiert nicht – der Europarat ist eine nicht zur

EU gehörende Vereinigung von Staaten. Dies wird insbesondere dadurch deutlich, dass einige Staaten Mitglied im Europarat, nicht aber in der EU sind (z.B. Russland).

In den Mitgliedstaaten des Europarates entfaltet die EMRK unmittelbare Bindung. In Deutschland folgt dies aus einem Zustimmungsgesetz (vgl. Art. 59 Abs. 2 GG), sodass die EMRK den Rang eines einfachen Bundesgesetzes besitzt.

Beitrittspflicht der EU

Die EU ist der EMRK (noch) **nicht beigetreten**, sodass diese für die Organe der EU derzeit keine Wirkung entfaltet. Allerdings soll sich das in Zukunft ändern, da der durch den Vertrag von Lissabon eingefügte Art. 6 Abs. 2 EUV die EU verpflichtet, der EMRK beizutreten. Obwohl die Beitrittsverpflichtung damit seit dem 01.12.2009 besteht, konnte sie bis heute nicht umgesetzt werden. Dies hat unterschiedliche Gründe:

- Zunächst standen die Statuten des Europarates selbst entgegen. Denn diese sahen vor, dass nur **Staaten** dem Europarat und damit auch der EMRK beitreten konnten. Da die EU nicht als Staat, sondern als **Staatenverbund** zu qualifizieren ist (s.o. S. 6 ff.), konnte sie ihre Beitrittsverpflichtung nicht ohne Weiteres erfüllen. Inzwischen wurde Art. 59 Abs. 2 EMRK dahingehend ergänzt, dass auch ein Staatenverbund und damit die EU der EMRK beitreten kann.
- Ab 2010 fanden **Verhandlungen über den Beitritt** der EU zur EMRK statt, die 2014 abgeschlossen wurden. Mit den Ergebnissen der Verhandlungen hätte der Beitritt vollzogen werden können. Vorsorglich wurden die Ergebnisse der Verhandlungen jedoch dem **Gerichtshof** zur Begutachtung vorgelegt (vgl. Art. 218 Abs. 11 AEUV). Dieser kam zu dem Ergebnis, dass der ausgehandelte Beitritt zur EMRK jedenfalls unter den bisherigen Bedingungen **mit dem Unionsrecht unvereinbar** ist. Insbesondere sah er die Autonomie der Unionsrechtsordnung dadurch verletzt, dass der Gerichtshof selbst und weitere Unionsorgane an die Entscheidungen des EGMR gebunden seien und damit der Kontrolle einer Instanz außerhalb der EU unterlägen.

Beitritt der EU ungewiss

Seit dem Gutachten des Gerichtshofs ruhen die Beitrittsverhandlungen. Es darf bezweifelt werden, ob weitere Verhandlungen einen Erfolg bringen, insbesondere die EMRK an die Vorstellungen des Gerichtshofs angepasst wird. Sollte dies nicht der Fall sein, dürfte die Beitrittsverpflichtung aus Art. 6 Abs. 2 EUV dauerhaft nicht erfüllt werden können.

1. Welchen Rang besitzt die GRCh?

1. Nach Art. 6 Abs. 1 EUV steht die GRCh den Europäischen Verträgen gleich und gehört folglich zum europäischen Primärrecht.

2. Was war der Nachteil der GRCh bis zum Vertrag von Lissabon?

2. Ihre faktische Unverbindlichkeit, da eine dem Art. 1 Abs. 3 GG vergleichbare Rechtsgrundlage fehlte. Erst durch Art. 6 Abs. 1 EUV werden die EU und ihre Organe an die GRCh gebunden.

3. Was unterscheidet die Grundfreiheiten des AEUV von der GRCh?

3. Die Grundfreiheiten richten sich an die Mitgliedstaaten und gewähren nur als Regelungsreflex subjektive Rechte. Darüber hinaus sind sie Wirtschafts- und Marktrechte, aber keine Menschenrechte.

4. Wann sind die Mitgliedstaaten an die GRCh gebunden?

4. Wenn Sie Recht der Union durchführen, Art. 51 Abs. 1 S. 1 Hs. 2 GRCh. Wann dies der Fall ist, wird unterschiedlich beurteilt: Der Gerichtshof lässt Berührungspunkte mit dem Unionsrecht ausreichen, während das BVerfG die Bindung erst bejaht, wenn das jeweilige nationale Recht unionsrechtlich determiniert ist.

5. Muss differenziert geprüft werden, wenn eine Maßnahme mehrere Grundrechte verletzen kann?

5. Nein! Alle Grundrechte unterliegen derselben Einschränkungsmöglichkeit, sodass eine Differenzierung keine Folgen hat. Die Schutzbereiche der Grundrechte können deshalb nebeneinander geprüft werden und eröffnet sein, ohne dass eine Grundrechtskonkurrenz aufzulösen ist.

6. Was ist die EMRK?

6. Die EMRK ist eine durch den Europarat im Jahr 1950 verabschiedete Konvention. Sie hat den Status eines völkerrechtlichen Vertrages und steht in keiner unmittelbaren Verbindung zur Europäischen Union. Der Europarat ist vielmehr eine eigenständige – und bereits vor der Union existente – Vereinigung von Staaten, zu der auch solche gehören, die heute nicht Mitgliedstaaten der Europäischen Union sind (z.B. Russland).

6. Ist die EU an die EMRK gebunden?

6. Noch nicht! Dies soll sich jedoch ändern: Durch Art. 6 Abs. 2 EUV ist die EU verpflichtet, der EMRK beizutreten. Hierfür wurde zunächst die EMRK geändert, da bislang nur Staaten, aber keine Staatenverbände eintreten durften. Ein erster Beitrittsversuch der Union scheiterte am Gerichtshof, der den Beitritt in der ausgehandelten Form als mit dem Unionsrecht unvereinbar erklärte. Seitdem ruhen die Verhandlungen über einen Beitritt.

5. Teil: Prozessrecht

Schaffung eines eigenen europäischen Gerichts

Die Verträge enthalten nicht nur Vorschriften über die legislativen und exekutiven Möglichkeiten der Organe der EU, sondern schaffen und regeln mit dem **Gerichtshof der Europäischen Union** zugleich eine Recht sprechende Institution. Verstöße gegen die Unionsrechtsordnung sollen danach von einem eigenständigen europäischen Gericht überprüft und ggf. sanktioniert werden.

! ***Hinweis:*** *Auch insoweit ergibt sich eine Parallele zum Grundgesetz, was die Staatsähnlichkeit der EU noch einmal betont: Dort werden nicht nur staatsorganisationsrechtliche Fragen im eigentlichen Sinne behandelt, sondern in den Art. 92 ff. GG auch die Organisation des und die Verfahren vor dem BVerfG einer Regelung zugeführt.*

Für die EU-Justiz gilt ebenso wie für die übrigen Organe und Institutionen der EU das **Prinzip der begrenzten Einzelermächtigung**: Die Spruchkörper können nur dort tätig werden, wo ihnen das europäische Primärrecht die Zuständigkeit überträgt, vgl. Art. 19 Abs. 3 EUV. Diese Zuständigkeiten finden sich zusammen mit den sonstigen Zulässigkeitsvoraussetzungen für die einzelnen Klagearten in den Art. 258 ff. AEUV.

! ***Hinweis:*** *Eine generalklauselartige Rechtswegeröffnung wie § 40 VwGO existiert ebenso wenig wie eine zusammenfassende Aufzählung der möglichen Verfahren, wie sie in Art. 93 GG oder § 13 BVerfGG enthalten ist.*

1. Abschnitt: Gerichtsorganisation

A. Gerichtshof der Europäischen Union als Organ

Gerichtshof der Europäischen Union als Bezeichnung des Organs, nicht der Spruchkörper

Nach Art. 13 Abs. 1 UAbs. 2 EUV ist der Gerichtshof der Europäischen Union **Organ der EU** (zu den übrigen Organen s.o. S. 29 ff.). Hinsichtlich der Bezeichnung hat der Vertrag von Lissabon für eine Veränderung gesorgt: Nur das Organ, nicht aber die Gerichte bzw. Spruchkörper werden als „Gerichtshof der Europäischen Union" bezeichnet, denn dieser besteht aus dem **Gerichtshof**, dem **Gericht** und ggf. **Fachgerichten**, Art. 19 Abs. 1 UAbs. 1 S. 2 EUV.

! ***Klausurhinweis:*** *Sie sollten deshalb im Rahmen der Falllösungen auf die Kurzfassung „EuGH" verzichten, verweist sie doch auf die vor dem Vertrag von Lissabon geltende Bezeichnung des Gerichtshofs als „Europäischer Gerichtshof". Heute wird das Kürzel grundsätzlich nur noch in Fußnoten zur Kennzeichnung des Gerichtshofs verwendet.*

Neben den grundsätzlichen Regelungen in **Art. 19 EUV**, der die Organisation des Gerichtshofs regelt, finden sich die Vorschriften über die möglichen Verfahren in den **Art. 251 ff. AEUV**.

Vorschriften im EUV und im AEUV

Weitere Regelungen finden sich in der Satzung über den Gerichtshof der Europäischen Union (kurz: EuGH-Satzung) sowie der Verfahrensordnung des Gerichtshofs (EuGHVfO). Beide spielen in den Klausuren aber i.d.R. keine Rolle.

B. Gerichtshof

Geteilte Rolle des Gerichtshofs

Dem Gerichtshof kommt eine geteilte Rolle zu: Für gewisse Verfahrensarten ist er **primär und ausschließlich zuständig**, sodass er mit den **Verfassungsgerichten** der Mitgliedstaaten verglichen werden kann. Bei anderen Verfahren fällt die erstinstanzliche Zuständigkeit dem Gericht zu; dann fungiert der Gerichtshof als **Rechtsmittelinstanz**.

Zusammensetzung des Gerichtshofs

Der Gerichtshof besteht nach Art. 19 Abs. 2 UAbs. 1 S. 1 EUV aus **einem Richter je Mitgliedstaat**. Gemäß Art. 252 AEUV werden sie von **elf Generalanwälten** unterstützt. Richter und Generalanwälte werden gemäß Art. 19 Abs. 2 UAbs. 3 EUV von den Regierungen der Mitgliedstaaten im Einvernehmen für eine **Amtszeit** von 6 Jahren ernannt. In Betracht kommen Personen, welche die Gewähr für Unabhängigkeit bieten und die in dem jeweiligen Mitgliedstaat geltenden Voraussetzungen für die höchsten richterlichen Ämter erfüllen oder Juristen von anerkannt hervorragender Befähigung sind (Art. 19 Abs. 2 UAbs. 3 S. 1 EUV, Art. 253 AEUV). Nach Ende ihrer Amtszeit können die Richter erneut zu Richtern am Gerichtshof ernannt werden.

Rolle der Generalanwälte

Den **Generalanwälten** kommt gemäß Art. 252 Abs. 2 AEUV die Aufgabe zu, in den in der Satzung bestimmten Verfahren vor dem Gerichtshof **Schlussanträge** zu stellen. Hierbei handelt es sich weniger um ein Plädoyer als mehr um eine Art **gutachterliche Stellungnahme** zu der zu entscheidenden Rechtsfrage. Da die Generalanwälte die Schlussanträge unparteilich und unabhängig zu stellen haben, kommt es häufig vor, dass der Gerichtshof ihrem Votum in seiner Entscheidung folgt.

Präsident und Kanzler des Gerichtshofs

Aus der Mitte der Richter werden sowohl der **Präsident** des Gerichtshof als auch ein **Kanzler** gewählt, Art. 253 Abs. 3, 5 AEUV. Der Präsident leitet die rechtsprechende Tätigkeit des Gerichtshofs. Er vertritt den Gerichtshof nach außen und führt den Vorsitz bei Beratungen des Plenums und der Großen Kammer. Der Kanzler hingegen leitet die allgemeine Verwaltung des Gerichtshofs unter der

Aufsicht des Präsidenten und ist zugleich oberster Urkundsbeamter des Gerichtshofs.

C. Gericht

Zusammensetzung des Gerichts

Nach Art. 19 Abs. 2 UAbs. 2 EUV besteht das Gericht aus mindestens einem Richter je Mitgliedstaat. Die Anzahl der Richter kann über diesen Mindestumfang hinaus über eine Regelung in der Satzung des Gerichtshofs der Europäischen Union erhöht werden, Art. 254 Abs. 1 S. 1 AEUV. Für den Zeitraum ab dem 01.09.2016 bestimmt Art. 48 EuGH-Satzung deshalb, dass das Gericht aus **zwei Richtern je Mitgliedstaat** besteht. Für die Auswahl der Richter und deren Befähigung gelten die Ausführungen zu den Richtern am Gerichtshof entsprechend.

Die Erhöhung der Anzahl der Richter hat sowohl mit der ansteigenden Zahl der Verfahren zu tun, die das Gericht bewältigen muss, als auch mit der Auflösung des Fachgerichts für den öffentlichen Dienst, dazu unten unter D.

Keine Generalanwälte

Anders als dem Gerichtshof stehen dem Gericht bei seiner Arbeit **keine Generalanwälte** zur Seite, die es bei seiner Arbeit als erstinstanzliches Gericht auf europäischer Ebene unterstützen würden.

D. Fachgerichte

Fachgerichte als fachspezifische Eingangsinstanz

Nach den organisationsrechtlichen Vorgaben des Art. 19 Abs. 2 EUV sind als Untergliederungen des Gerichtshofs der Europäischen Union nur der Gerichtshof und das Gericht vorgesehen. Darüber hinaus eröffnet Art. 257 AEUV die Möglichkeit, über ein ordentliches Gesetzgebungsverfahren **Fachgerichte** zu errichten, die als erstinstanzliches Gericht für bestimmte Sachgebiete zuständig sind. Hierüber kann eine Fachgerichtsbarkeit geschaffen werden, die u.a. mit der deutschen Aufteilung (Verwaltungsgericht, Sozialgericht, Finanzgericht, Arbeitsgericht, usw.) vergleichbar ist. Damit wäre die Gerichtsbarkeit auf europäischer Ebene dreizügig gegliedert mit dem Fachgericht als Eingangs-, dem Gericht als Berufungs- und dem Gerichtshof als Revisionsinstanz.

Beginn und Ende der Entwicklung einer Fachgerichtsbarkeit

Als erstes Fachgericht wurde 2004 das **Fachgericht für den öffentlichen Dienst** geschaffen, das für die Klagen der europäischen Beamten zuständig war. Nachdem das Fachgericht seine Arbeit aufgenommen hatte, wurde von den Mitgliedstaaten die Schaffung weiterer Fachgerichte immer wieder diskutiert; eine Einigung kam jedoch nicht zustande. Letztlich wurde die Entwicklung der Fachgerichtsbarkeit – zumindest vorerst – aufgegeben, was in der **Auflösung des Fachgerichts für den öffentlichen Dienst** zum

01.09.2016 mündete. Die Gerichtsbarkeit auf EU-Ebene besteht vorerst nur aus dem Gerichtshof und dem Gericht.

2. Abschnitt: Vertragsverletzungsverfahren

Bedeutung des Vertragsverletzungsverfahrens

Verletzen die Mitgliedstaaten durch ihr Verhalten oder von ihnen geschaffenes Recht die Vorschriften der Verträge, kann dies im **Vertragsverletzungsverfahren** nach Art. 258, 259 AEUV festgestellt und sanktioniert werden. Dieses Verfahren wird in erster Linie von der Kommission eingeleitet, die damit ihrer Aufgabe als „Hüterin der Verträge" gerecht wird. Allerdings können auch Mitgliedstaaten das Verfahren einleiten; man spricht für diesen Fall von einer Staatenklage.

Prüfungsschema: Vertragsverletzungsverfahren

A. Zulässigkeit
- I. Zuständigkeit
- II. Parteifähigkeit
- III. Vorverfahren
- IV. Klagegegenstand
- V. Rechtsschutzbedürfnis

B. Begründetheit

Objektives Vorliegen einer Vertragsverletzung

A. Zulässigkeit

I. Zuständigkeit

!

Klausurhinweis: *Unter diesem Prüfungspunkt wird nicht nur die Zuständigkeit des Spruchkörpers (Gerichtshof, Gericht) geprüft, sondern damit zugleich die Rechtswegeröffnung sowie der statthafte Rechtsbehelf. Damit entspricht die Prüfung derjenigen der Zuständigkeit des BVerfG in verfassungsprozessualen Klausuren.*

Zuständigkeit des Gerichtshofs

Die Zuständigkeit für die Entscheidung über die Vertragsverletzung liegt (noch) beim **Gerichtshof**. Dies folgt zwar nicht aus Art. 258, 259 AEUV, die jeweils das gesamte Organ „Gerichtshof der Europäischen Union", nicht aber den konkret zuständigen Spruchkörper in Bezug nehmen. Vielmehr ergibt es sich aus einem Umkehrschluss aus Art. 256 Abs. 1 UAbs. 1 S. 1, S. 2 AEUV: Dort ist vorgesehen, dass das **Gericht** für bestimmte Verfahren erstinstanzlich zuständig ist – wozu das Vertragsverletzungsverfahren nicht gehört – oder ihm die Zuständigkeit durch die EuGH-Satzung übertragen wird. Da eine solche Satzungsbestimmung für das Vertragsverletzungsverfahren nicht existiert, entscheidet erst- und letztinstanzlich der Gerichtshof.

II. Parteifähigkeit

Unterscheidung von Kläger und Beklagtem

Im Rahmen der Parteifähigkeit muss zwischen der **aktiven Parteifähigkeit** (= Kläger) und der **passiven Parteifähigkeit** (= Beklagter) unterschieden werden.

- Zur Klage und damit zur Einleitung des Vertragsverletzungsverfahrens sind die **Kommission** (Art. 258 Abs. 2 AEUV) und die **Mitgliedstaaten** (Art. 259 Abs. 1 AEUV) berechtigt.
- Richtiger Beklagter und damit **passiv parteifähig** ist in beiden Fällen ein **Mitgliedstaat** der EU (Art. 258 Abs. 1, 259 Abs. 1 AEUV).

III. Vorverfahren

Zweck des Vorverfahrens

Das Vorverfahren dient der **außergerichtlichen Streitbeilegung** und zugleich der frühzeitigen Beseitigung der Vertragsverletzung. Es beginnt mit einer **Anhörung des Mitgliedstaates** (Art. 258 Abs. 1 Hs. 2 AEUV).

Nur für den Fall, dass eine Staatenklage vorliegt, geht der Anhörung des Mitgliedstaates eine Verletzungsrüge des verfahrenseinleitenden Mitgliedstaates an die Kommission voraus, Art. 259 Abs. 2 AEUV.

Erstes Mahnschreiben

Da der Mitgliedstaat im Rahmen der Anhörung wissen muss, zu welchem vermeintlichen Fehlverhalten er sich äußern soll, wird dieses im Anhörungsschreiben konkret benannt. Die Kommission teilt dabei die Tatsachen mit, in denen sie die Vertragsverletzung sieht und kündigt die Einleitung eines Vertragsverletzungsverfahrens an. Die Anhörung wird deshalb auch als **erstes Mahnschreiben** bezeichnet.

Zweites Mahnschreiben

Stellt der Mitgliedstaat das beanstandete Verhalten nicht ab und ist die Kommission auch nach der Anhörung noch überzeugt, dass eine Vertragsverletzung vorliegt, gibt sie eine **begründete Stellungnahme** ab, Art. 258 Abs. 1 Hs. 1 AEUV. Diese auch als **zweites Mahnschreiben** bezeichnete Stellungnahme enthält eine Frist, binnen derer der Mitgliedstaat die vermeintliche Vertragsverletzung abstellen soll. In der Regel wird eine Frist von zwei Monaten als angemessen angesehen; sie kann aber im Einzelfall auch länger ausfallen.

Fruchtloser Fristablauf

Sofern der Mitgliedstaat der Aufforderung der Kommission nicht nachkommt und die Frist fruchtlos verstreicht, ist das Vorverfahren abgeschlossen und die Kommission berechtigt, das Vertragsverletzungsverfahren vor dem Gerichtshof einzuleiten. Innerhalb welcher Frist und ob dies überhaupt erfolgt, ist nach h.M. in das Ermessen der Kommission gestellt. Es besteht daher insbesondere keine Verpflichtung der Kommission, unverzüglich nach Fristablauf einen Antrag beim Gerichtshof zu stellen.

IV. Klagegegenstand

Doppelte Akzessorietät des Klagegegenstandes

Richtiger Klagegegenstand ist die **mögliche Vertragsverletzung** des Mitgliedstaates, also die Maßnahme (Tun/Unterlassen) des Mitgliedstaates, durch die dieser die Verträge verletzt haben soll. Dieser Prüfungspunkt dient in erster Linie der **Einschränkung des Verfahrens**: Das Verfahren vor dem Gerichtshof darf nämlich nur die vermeintliche Vertragsverletzung zum Gegenstand haben, welche die Kommission im Rahmen ihrer begründeten Stellungnahme (zweites Mahnschreiben) benannt hat. Das zweite Mahnschreiben darf wiederum nicht über das hinausgehen, was dem beklagten Mitgliedstaat im ersten Mahnschreiben zur Last gelegt wurde. Man spricht insofern von der **doppelten Akzessorietät** des Klagegegenstandes. Etwa zwischenzeitlich hinzugekommene Verfehlungen des Mitgliedstaates dürfen hingegen nicht sofort zum Gegenstand des Vertragsverletzungsverfahrens gemacht werden, da ansonsten das außergerichtliche Vorverfahren unterlaufen würde.

V. Rechtsschutzbedürfnis

Überzeugung von der Vertragsverletzung und Fortbestehen der Maßnahme

Das erforderliche Rechtsschutzbedürfnis besteht, wenn die Kommission in tatsächlicher und rechtlicher Hinsicht von der Vertragsverletzung durch den Mitgliedstaat überzeugt ist (Zweifel genügen nicht!) und die klagegegenständliche Maßnahme des Mitgliedstaates noch fortbesteht.

B. Begründetheit

Objektives Beanstandungsverfahren

Das Vertragsverletzungsverfahren ist begründet, wenn die von der Kommission behauptete Vertragsverletzung tatsächlich festgestellt werden kann. Hiermit wird deutlich, dass es sich bei dem Vertragsverletzungsverfahren um ein sog. **objektives Beanstandungsverfahren** handelt – ein Verschulden des beklagten Mitgliedstaates ist nicht erforderlich. **Prüfungsgegenstand** sind entgegen dem Wortlaut des Art. 258 AEUV nicht nur die Verträge selbst, sondern auch das sonstige Primärrecht (z.B. die GRCh) sowie das Sekundärrecht. Hintergrund ist die Wächterfunktion der Kommission: Sie soll die Einhaltung des gesamten Unionsrechts durch die Mitgliedstaaten sicherstellen. Dies ist ihr nur möglich, wenn sie auch ein Verstoß gegen das Sekundärrecht zu einer nach Art. 258 AEUV geltend zu machenden Vertragsverletzung führen kann.

C. Folgen der Entscheidung

Verpflichtung zur Beseitigung der Vertragsverletzung und Möglichkeit der Verhängung eines Zwangsgeldes

Stellt der Gerichtshof die Vertragsverletzung fest, **verpflichtet** er den Mitgliedstaat **zur Beseitigung der Vertragsverletzung**. Er darf dabei jedoch nicht weiter einschränken, auf welche Weise der Mitgliedstaat die Vertragsverletzung zu beseitigen oder welches Verhalten er zu unterlassen hat. Der beklagte Mitgliedstaat ist nach Art. 260 Abs. 1 AEUV verpflichtet, die notwendigen Maßnahmen zur Umsetzung der Entscheidung zu ergreifen. Kommt er dieser Verpflichtung nicht nach, kann der Gerichtshof nach Art. 260 Abs. 2 AEUV ein **Zwangsgeld** verhängen.

!

Hinweis: *Weitere Sanktionsmöglichkeiten stehen dem Gerichtshof nicht zur Verfügung. Zur besonderen Sanktion der unmittelbaren Wirkung einer Richtlinie* *s.o. S. 65 ff.*

3. Abschnitt: Nichtigkeitsklage

Zweck der Nichtigkeitsklage

Die **Nichtigkeitsklage** gemäß Art. 263 AEUV ermöglicht eine Überprüfung der Rechtmäßigkeit von Handlungen der Unionsorgane und sonstiger Stellen der EU. Das Verfahren kann als Klage aufgrund **subjektiver, persönlicher Betroffenheit** oder als **objektives Beanstandungsverfahren** durchgeführt werden.

Prüfungsschema: Nichtigkeitsklage

A. Zulässigkeit

- I. Zuständigkeit
- II. Parteifähigkeit
- III. Klagegegenstand
- IV. Klagebefugnis
- V. Klagefrist
- VI. Ordnungsgemäße Begründung

B. Begründetheit

Objektives Vorliegen eines Klagegrundes

A. Zulässigkeit

I. Zuständigkeit

Entscheidungsbefugnis des Gerichts

Die Zuständigkeit folgt aus Art. 256 Abs. 1 UAbs. 1 S. 1 AEUV, der dem **Gericht** die Entscheidungsbefugnis über das Verfahren nach Art. 263 AEUV überantwortet.

Nur ausnahmsweise ist der Gerichtshof gemäß Art. 256 Abs. 1 UAbs. 1 S. 2 AEUV i.V.m. Art. 51 EuGH-Satzung zuständig, wenn ein Mitgliedstaat die Klage gegen eine Handlung des Europäischen Parlaments oder des Rates oder wegen unterlassener Beschlussfassung der Organe erhebt oder ein Unionsorgan als Kläger auftritt.

II. Parteifähigkeit

Aktive Parteifähigkeit

Aktiv parteifähig und damit taugliche Kläger der Nichtigkeitsklage sind

- die Mitgliedstaaten, das Europäische Parlament, der Rat und die Kommission, Art. 263 Abs. 2 AEUV,
- der Rechnungshof, die Europäische Zentralbank und der Ausschuss der Regionen, Art. 263 Abs. 3 AEUV,
- natürliche und juristische Personen, Art. 263 Abs. 4 AEUV.

!

Klausurhinweis: *Die Unterscheidung an dieser Stelle spielt eine Rolle für die Anforderungen, die an die Klagebefugnis zu stellen sind!*

Passive Parteifähigkeit

Die Nichtigkeitsklage ist gegen die Einrichtung zu richten, welche den angegriffenen Rechtsakt erlassen oder die streitgegenständliche Handlung vorgenommen hat (sog. **passive Parteifähigkeit**).

III. Klagegegenstand

Gesetzgebungsakte und sonstige Handlungen der Organe, die Rechtswirkungen gegenüber Dritten entfalten

Gegenstand der Nichtigkeitsklage können nach Art. 263 Abs. 1 AEUV **alle Gesetzgebungsakte** sowie **Handlungen** des Rates, der Kommission und der Europäischen Zentralbank, soweit es sich nicht um Empfehlungen oder Stellungnahmen handelt, und Handlungen des Europäischen Parlaments und des Rates sein, die **Rechtswirkungen gegenüber Dritten** entfalten.

IV. Klagebefugnis

Unterschiedliche Anforderungen je nach Kläger

Die Anforderungen an die Klagebefugnis hängen vom **Kläger** ab.

- Wird die Klage von **Unionsorganen** i.S.d. Art. 263 Abs. 2 AEUV oder von **Mitgliedstaaten** erhoben, ist **keine Klagebefugnis** erforderlich. Man spricht insoweit von **privilegiert Klageberechtigten**, da sie die Klage erheben können, ohne individuell oder unmittelbar betroffen zu sein und ohne die Verletzung eigener Rechte geltend machen zu müssen.

- Die **Europäische Zentralbank**, der **Rechnungshof** und der **Ausschuss der Regionen** sind nach Art. 263 Abs. 3 AEUV sog. **teilprivilegierte Klageberechtigte**. Sie können nur zur Wahrung ihrer eigenen Rechte klagen.

- Die strengsten Anforderungen gelten nach Art. 263 Abs. 4 AEUV für Klagen von **natürlichen und juristischen Personen**. Diese sind nur klagebefugt, wenn

  - sie **Adressat** des angefochtenen Rechtsaktes sind,

  - sie durch die angefochtene Maßnahme **unmittelbar und individuell betroffen** sind oder

  - der Klagegegenstand ein **Rechtsakt mit Verordnungscharakter** ist und den Kläger **unmittelbar betrifft** und keine Durchführungsmaßnahme nach sich zieht.

    Rechtsakte mit Verordnungscharakter sind dabei alle Handlung von Unionseinrichtungen mit verbindlicher Rechtswirkung nach außen, die keine Gesetzgebungsakte i.S.d. Art. 289 AEUV sind.

V. Klagefrist

Klagefrist von zwei Monaten

Die Nichtigkeitsklage ist **fristgebunden** und muss nach Art. 263 Abs. 6 AEUV binnen einer Frist von **zwei Monaten** erhoben werden. Die Frist beginnt dabei mit Bekanntgabe, Mitteilung oder Kenntniserlangung von der angefochtenen Maßnahme. Richtet sich die Nichtigkeitsklage gegen einen Rechtsakt, der nach Art. 297 Abs. 1 UAbs. 3 AEUV im Amtsblatt der EU zu veröffentlichen ist, beginnt die Frist mit der Veröffentlichung.

VI. Ordnungsgemäße Begründung

Geltendmachung eines Nichtigkeitsgrundes

Die Klage ist mit einer Begründung versehen, aus der hervorgeht, auf welchen der **Nichtigkeitsgründe** nach Art. 263 Abs. 2 AEUV sich der Kläger stützt.

!

Klausurhinweis: *An dieser Stelle dürfen Sie noch nicht prüfen, ob der Nichtigkeitsgrund auch tatsächlich vorliegt – das ist eine Frage der Begründetheit der Nichtigkeitsklage! Hier geht es – wie bei § 42 Abs. 2 VwGO – nur um die Geltendmachung eines Nichtigkeitsgrundes.*

B. Begründetheit

Vorliegen eines Klagegrundes

Die Nichtigkeitsklage ist begründet, wenn und soweit der angefochtene Rechtsakt mit einem oder mehreren der in Art. 263 Abs. 2 AEUV genannten **Rechtsmängel** behaftet ist (sog. **Klagegründe**).

- **Unzuständigkeit: Absolute** Unzuständigkeit liegt vor, wenn eine Handlung die Verbandskompetenz der Union übersteigt, sie also auf dem Sachgebiet keine Zuständigkeit besitzt (zur Verbandskompetenz oben S. 70 ff.). **Relative** Unzuständigkeit ist gegeben, wenn ein Organ im Zuständigkeitsbereich eines anderen Organs tätig geworden ist. Insoweit ist die Organkompetenz zu überprüfen (s.o. S. 29 f.).

- **Verletzung wesentlicher Formvorschriften:** Voraussetzung hierfür ist, dass Vorschriften über Verfahren und/oder Form von einiger Bedeutung verletzt worden sind. Das ist in der Regel der Fall, wenn unter Beachtung der betreffenden Vorschrift der Rechtsakt möglicherweise einen anderen Inhalt erhalten hätte.

  Beispiel: Unterlassung der Anhörung des Europäischen Parlaments im Anhörungsverfahren (siehe dazu oben S. 75)

- **Verletzung der Verträge oder einer bei deren Durchführung anzuwendenden Rechtsnorm**: Dieser **Auffangtatbestand** umfasst neben der Verletzung von EUV und AEUV auch die Verletzung des übrigen Primärrechts (z.B. GRCh), von völkerrechtlichen Verträgen und von Sekundärrecht. Faktisch fallen unter diesen Klagegrund alle Verstöße gegen Unionsrecht, die nicht unter einen anderen spezielleren Klagegrund fallen.

  Klausurhinweis: *Besondere Bedeutung hat in diesem Bereich die GRCh erlangt!* !

- **Ermessensmissbrauch:** Anders als im nationalen Recht setzt der Ermessensmissbrauch ein absichtliches Verfolgen rechtswidriger Ziele durch ein Organ mit den Mitteln des Unionsrechts voraus.

C. Wirkung der Entscheidung

Nichtigkeit des angefochtenen Rechtsaktes

Liegt einer der vorgenannten Klagegründe vor, erklärt das Gericht den angefochtenen Rechtsakt nach Art. 264 Abs. 1 AEUV für **nichtig**. Das Urteil wirkt ex tunc und gilt für alle und nicht nur für die Verfahrensbeteiligten (sog. **erga-omnes-Wirkung**).

4. Abschnitt: Vorabentscheidungsverfahren

Zweck des Vorabentscheidungsverfahrens

Aufgrund des Anwendungsvorrangs des Unionsrechts (s.o. S. 11 ff.) sind die nationalen Gerichte bei ihren Entscheidungen unmittelbar an das Unionsrecht gebunden. Hierbei kommt zwangsläufig die Frage auf, wie die ein oder andere Vorschrift des Unionsrechts auszulegen oder anzuwenden ist bzw. ob das nationale Recht ordnungsgemäß an das Unionsrecht angeglichen wurde. Um eine unionsweit **einheitliche Anwendung und Auslegung des Unionsrechts** sicherzustellen, können oder müssen sich die Gerichte der Mitgliedstaaten mit derartigen Auslegungsfragen an den **Gerichtshof** wenden. Hierfür steht das **Vorabentscheidungsverfahren** nach Art. 267 AEUV zur Verfügung. Die nationalen Gerichte setzen dabei ihre Verfahren bis zur Entscheidung des Gerichtshofs aus. Dessen Hinweise und Vorgaben lassen sie dann in die nationale Entscheidung einfließen.

! ***Hinweis:*** *Das Vorabentscheidungsverfahren ähnelt der konkreten Normenkontrolle nach Art. 100 GG. Es macht in der Praxis des Gerichtshofs ca. 50% der gesamten Verfahren des Gerichtshofs aus.*

Prüfungsschema: Vorabentscheidungsverfahren

A. Zulässigkeit
- I. Zuständigkeit
- II. Vorlageberechtigung
- III. Zulässige Vorlagefrage
- IV. Entscheidungserheblichkeit

B. Entscheidung über die Vorlagefrage

Prüfungsmaßstab je nach Vorlagefrage

A. Zulässigkeit

I. Zuständigkeit

Ausschließliche Zuständigkeit des Gerichtshofs

Die grundsätzliche Zuständigkeit des **Gerichtshofs** folgt aus einem Umkehrschluss aus Art. 256 Abs. 3 UAbs. 1 AEUV: Danach können Vorabentscheidungen zu bestimmten Sachgebieten auf das Gericht übertragen werden. Da eine solche Bestimmung (noch) nicht existiert, ist der Gerichtshof ausschließlich für Vorabentscheidungsverfahren zuständig.

II. Vorlageberechtigung

1. Gerichte der Mitgliedstaaten

Europarechtlicher Gerichtsbegriff

Zur Vorlage sind die **Gerichte der Mitgliedstaaten** berechtigt. Was allerdings ein Gericht in diesem Sinne ist, bestimmt sich nicht nach den nationalen Prozessordnungen, sondern vielmehr nach einer europarechtlichen Begriffsbestimmung. Gericht i.S.d. Art. 267 AEUV ist deshalb jeder auf gesetzlicher Grundlage eingerichtete Spruchkörper, der eine ständige und obligatorische Gerichtsbarkeit ausübt und dazu berufen ist, auf der Grundlage eines rechtsstaatlich geordneten Verfahrens in richterlicher Unabhängigkeit Rechtsstreitigkeiten zu entscheiden.

!

Klausurhinweis: *Diese organisatorischen und funktionalen Kriterien werden von den staatlichen Gerichten in der Regel erfüllt. Allerdings sind z.B. deutsche Schiedsgerichte i.S.d. §§ 1025 ff. ZPO keine Gerichte i.S.d. Art. 267 AEUV, da ihre Entscheidungen nicht aus sich heraus vollstreckbar sind, sodass sie nicht zur endgültigen Streitbeilegung befugt sind.*

2. Vorlagepflicht

Unterscheidung von Vorlageberechtigung und Vorlagepflicht

Von der Vorlageberechtigung nach Art. 267 Abs. 2 AEUV strikt zu unterscheiden ist die **Vorlagepflicht** aus Art. 267 Abs. 3 AEUV. Sie spielt für die Zulässigkeit des Vorabentscheidungsverfahrens keine Rolle, sondern dient in erster Linie dazu, die nationalen Gerichte dazu anzuhalten, auch tatsächlich von der Möglichkeit des Vorabentscheidungsverfahrens Gebrauch zu machen. Kommt ein nationales Gericht seiner Vorlageverpflichtung nicht nach, so hat dies eine **Vertragsverletzung** und damit ein entsprechendes Verfahren zur Folge.

Zur Vorlage verpflichtende Umstände

Zur Vorlage verpflichtet sind solche nationalen Gerichte, deren Entscheidungen nicht mehr mit Rechtsmitteln des innerstaatlichen Rechts angegriffen werden können (in Deutschland: BGH, BVerwG, BFH, BAG, BSG, BVerfG, Landesverfassungsgerichte), wenn das nationale Gericht einen Sekundärrechtsakt für unwirksam hält und ihn deshalb nicht anwenden will oder wenn das nationale Gericht beabsichtigt, einen mitgliedstaatlichen Akt, der Unionsrecht vollzieht, aufzuheben, nicht anzuwenden oder auszusetzen.

III. Zulässige Vorlagefrage

Arten von Vorlagefragen

Art. 267 Abs. 1 AEUV unterscheidet zwei zulässige **Arten von Vorlagefragen**:

- Dem Gerichtshof können nach Art. 267 Abs. 1 lit. a AEUV Fragen zur **Auslegung der Verträge** vorgelegt werden (sog. **Auslegungsfrage**). Das Merkmal der „Verträge" wird dabei weit ausgelegt, sodass auch Fragen zur Auslegung des sonstigen Primärrechts vom Gerichtshof beantwortet werden. Der Gerichtshof befindet hingegen nicht über die Auslegung von nationalem Recht oder der Vereinbarkeit von nationalem Recht mit Unionsrecht. Da aber Letzteres für die nationalen Gerichte oftmals interessant und für den Fall streitentscheidend ist, lässt der Gerichtshof gewisse Umschreibungen zu. Folgende Beispielsfrage ist deshalb zulässig: *„Ist Art. 34 AEUV so auszulegen, dass eine unzulässige Maßnahme gleicher Wirkung dann vorliegt, wenn eine nationale Vorschrift bestimmt, dass ein Getränk nur, wenn es mit bestimmten Inhaltsstoffen (Hopfen, Gerstenmalz, Hefe und Wasser) gebraut worden ist, als Bier in den Verkehr gebracht werden darf?"* In dem Verfahren ging es um die Vereinbarkeit des deutschen Reinheitsgebotes für Bier mit dem Unionsrecht.

  Den gesamten Fall und die Lösung finden Sie im Skript Fälle Europarecht!

- Nach Art. 267 Abs. 1 lit. b AEUV kann der Gerichtshof auch zur **Gültigkeit und Auslegung der Handlungen der Organe, Einrichtungen oder sonstigen Stellen der EU** befragt werden (sog. **Gültigkeitsfrage**). Über diese weite Formulierung wird das gesamte restliche Unionsrecht tauglicher Gegenstand des Vorabentscheidungsverfahrens.

IV. Entscheidungserheblichkeit

Entscheidungserheblichkeit für das Ausgangsverfahren

Um zu vermeiden, dass die nationalen Gerichte den Gerichtshof mit Vorabentscheidungsersuchen behelligen, die sie bloß aus Interesse oder für den Fall einreichen, dass sie später eine solche Antwort benötigen werden, muss der Gerichtshof nur über solche Fragen entscheiden, die in dem Ausgangsverfahren **entscheidungserheblich** sind, vgl. Art. 267 Abs. 2 AEUV. Der Gerichtshof geht grundsätzlich von einer **Vermutung für die Entscheidungserheblichkeit** aus und überlässt die Einschätzung den nationalen Gerichten. Nur ausnahmsweise wird das Vorabentscheidungsersuchen als unzulässig mangels Entscheidungserheblichkeit zurückgewiesen, wenn

- die Vorlagefrage offensichtlich in keinem Zusammenhang mit der Realität oder dem Gegenstand des Ausgangsverfahrens steht,

- die Vorlagefrage rein hypothetischer Natur ist oder
- wenn die zur Beantwortung der Vorlagefrage erforderlichen tatsächlichen oder rechtlichen Angaben unzureichend sind.

B. Entscheidung über die Vorlagefrage

!

Klausurhinweis: *Das Vorabentscheidungsverfahren kennt keine Begründetheit im eigentlichen Sinne, sodass Sie diese Bezeichnung unbedingt vermeiden müssen! Als Überschrift eignet sich stattdessen „Vorlageentscheidung".*

Prüfungsinhalt nach Art der Vorlagefrage unterschiedlich

Was an dieser Stelle geprüft werden muss, hängt davon ab, was für eine Frage dem Gericht gestellt worden ist.

- Sofern eine **Auslegungsfrage** gestellt worden ist, muss das verfahrensgegenständliche Unionsrecht ausgelegt werden. Die Antwort orientiert sich dann genau an der gestellten Frage.
- Liegt eine **Gültigkeitsfrage** vor, ist die formelle und materielle Unionsrechtmäßigkeit des verfahrensgegenständlichen Rechts oder Akts zu prüfen.

C. Wirkung der Entscheidung

Grundsätzliche Bindungswirkung der Entscheidung des Gerichtshofs

Die Vorabentscheidung ist für das Gericht des Ausgangsverfahrens und alle mit der Rechtssache befassten Gerichte **bindend**. Das hat zur Folge, dass sie grundsätzlich die Ausführungen des Gerichtshofs in ihre Entscheidung einfließen lassen und von den Vorgaben nicht abweichen dürfen.

Ausnahmen von der Bindungswirkung

Eine Ausnahme ist nur für den Fall möglich, dass der Gerichtshof einen ultra-vires-Akt nicht als solchen erkennt oder einen Unionsrechtsakt billigt, der in die Verfassungsidentität des deutschen Grundgesetzes eingreift (siehe dazu oben S. 15 ff.). Für diesen Fall behält sich das BVerfG eine Abweichung von den Vorgaben des Gerichtshofs vor.

5. Abschnitt: Weitere Verfahrensarten

Geringe Klausurbedeutung der weiteren Verfahrensarten

Der AEUV kennt noch weitere Verfahrensarten (z.B. Amtshaftungsklage nach Art. 268 AEUV bei Schadensersatzansprüchen gemäß Art. 340 AEUV). Diese spielen jedoch in der Klausurpraxis eine derart untergeordnete Rolle. Sie sollten sich stattdessen mit den vorstehend genannten Verfahren vertraut machen, die nicht nur in der Praxis den Großteil der Verfahren vor dem Gerichtshof und dem Gericht ausmachen.

1. Welcher Grundsatz gilt hinsichtlich der Eröffnung des Rechtswegs zu den europäischen Gerichten?	**1.** Eine dem § 40 VwGO vergleichbare, generalklauselartige Rechtswegeröffnung hin zum Gerichtshof der Europäischen Union existiert im Unionsrecht nicht. Aus Art. 19 Abs. 3 EUV folgt vielmehr das Prinzip der begrenzten Einzelermächtigung: Die europäischen Gerichte entscheiden nur dort, wo ihnen die Verträge ausdrücklich die Zuständigkeit verleihen.
2. Wozu dient das Vertragsverletzungsverfahren?	**2.** Es dient dazu, Verstöße der Mitgliedstaaten gegen das Unionsrecht nicht nur aufzudecken und zu sanktionieren, sondern sie zeitnah abzustellen. Nur auf diese Weise ist ein gleichmäßiger Vollzug des EU-Rechts möglich.
3. Muss die Kommission nach fruchtlosem Fristablauf im Anschluss an die begründete Stellungnahme Klage erheben?	**3.** Nein! Nach h.M. besteht im Rahmen des Vorverfahrens vor dem Vertragsverletzungsverfahren auch nach fruchtlosem Fristablauf keinerlei Klagepflicht. Ob Klage erhoben wird und innerhalb welchen Zeitraums, ist in das Ermessen der Kommission gestellt.
4. Wozu dient die Nichtigkeitsklage?	**4.** Die Nichtigkeitsklage gemäß Art. 263 AEUV ermöglicht eine Überprüfung der Rechtmäßigkeit von Handlungen der Unionsorgane und sonstiger Einrichtungen und Stellen der EU.
5. Wann sind Mitgliedstaaten im Rahmen der Nichtigkeitsklage klagebefugt?	**5.** Immer! Sie gehören zu den sog. privilegierten Klageberechtigten, die eine Nichtigkeitsklage ohne eigene Betroffenheit und ohne Möglichkeit einer eigenen Rechtsverletzung erheben können.
6. Wann ist die Nichtigkeitsklage begründet?	**6.** Sie ist begründet, wenn einer der in Art. 263 Abs. 2 AEUV aufgezählten Klagegründe vorliegt.
7. Zu welchem Zweck existiert das Vorabentscheidungsverfahren?	**7.** Das Vorabentscheidungsverfahren gemäß Art. 267 AEUV gibt den nationalen Gerichten der Mitgliedstaaten die Möglichkeit, dem Gerichtshof Fragen über die Auslegung und Gültigkeit von Unionsrecht vorzulegen. Durch die in diesem Verfahren ergehenden Entscheidungen soll verhindert werden, dass die Gerichte der einzelnen Mitgliedstaaten das Unionsrecht unterschiedlich auslegen und anwenden.
8. Wer befindet grundsätzlich über die Entscheidungserheblichkeit der Vorlage?	**8.** Grundsätzlich das nationale Gericht. Nur ausnahmsweise weist der Gerichtshof die Frage wegen fehlender Entscheidungserheblichkeit zurück, z.B. wenn die Vorlagefrage offensichtlich hypothetisch ist.